미국 속에서 본 금융위기

김 규 래

다 산 출 판 사

머리말

이 책은 미국에서 시작된 2007년 글로벌 금융위기에서 배울 점을 남기기 위해 필자가 미국의 금융위기 동안 미국 속에서 직접 보고 경험한 내용을 그 당시에 써서 신문에 연재했던 경제 컬럼을 모아 구상한 것이다.

세계 경제는 1929년경 금융대공황을 겪으며 많은 은행들이 도산하는 등 전 세계가 경제적으로 많은 고통을 받았는데, 프레드릭 알렌(Frederick Lewis Allen)은 *Only Yesterday*라는 저서를 통해 그 당시의 경제 위기를 그 당시에 써 내려가면서 후세에 도움이 되기를 희망하였다.

원래 역사서는 승리한 사람들이 승리한 사람들의 시각으로 쓴 이야기라 한다. 그럼으로써 제대로 된 진실이 생략되거나 오도될 수가 있는 것이다. 그런 점에서 알렌의 저서 *Only Yesterday*는 "Informal History of the 1920's"라는 부제에서 보듯이 승자의 견해를 승자의 시각에서 쓴 것이 아니라 그 당시의 문제와 사실을 그 당시의 시각으로 그 당시에 썼기에 좀 더 많은 교훈을 보다 객관적으로 후세에 주리라고 생각한다.

이러한 노력으로 1929년의 세계 대공황 이후 전 세계의 중앙은행들이 경기 불황에 대처하는 방법을 알아냄으로써, 미국 경제는 2007

년의 미국발 글로벌 금융위기에도 불구하고 지금은 과거에 비해 경제 호황은 전보다 길어지고 불황은 전보다 그 기간이 짧아지는 모습을 보이고 있다. 위기 때 보다 더 슬기롭게 해결할 수 있었던 것이다. 그래서 필자도 미국발 글로벌 금융위기를 미국 속에서 당시의 시각으로 쓴 사실이 후세에 도움이 되리라 생각하여 이 책을 내게 되었다. 세계 역사를 바꾼 중요 사건의 배경을 그 당시에 그 곳에서 그 당시의 시각으로 살펴봄으로써 세계가 어떻게 돌아가고 있는지 이해의 폭을 넓혀보고자 했다.

트럼프 대통령 취임 후 불황의 끝을 선언한 제롬 파월 미국 연방중앙은행 총재가 호황의 상징으로 미국 이자율을 올리기 시작할 때, 유럽은 미국보다 먼저 이자율을 올리기 시작했다가 금융위기의 불씨가 다시 살아나자 은행에 예금을 하면 이자를 주는 것이 아니라 돈의 보관료를 받는 전대미문의 마이너스 이자율 정책을 쓰기 시작하였다. 그만큼 예금보다는 소비를 유도하고 기업들도 예금보다는 대출을 장려하는 정책을 쓴 것이다.

트럼프 미국 대통령은 MAGA(Made America Great Again) 기업들(Microsoft, Amazon, Google, Apple)을 앞세우며 미국 경제의 승승장구를 예측하고 있다.

이 책은 오바마 대통령 정부 시기인 2007년 미국발 글로벌 금융위기에 대한 대책과 트럼프 대통령 정부의 이러한 정책적 차이점들을 살펴보는 데 도움을 주고자 했다.

2019년 8월 뉴욕, 상하이, 서울에서

차 례

미국의 부자들

매년 투자론을 강의하면서 학기 초에 받는 난처한 질문이 있다. "교수님은 투자에 대해서 남들보다 훨씬 많이 아실테니, 이미 부자이신가요?"란 질문이다.

그러면 뉴욕 양키스의 조 토리 감독이 알렉스 로드리게즈보다 홈런을 더 잘 치느냐고 답하곤 한다.

투자나 사업에 성공하는 사람들을 살펴보면 세 가지가 있는 것 같다. 첫째는 새롭게 보는 것일 것이다. 미국 세 번째 부자지만 일반인에게는 덜 알려진 셸던 아델슨은 카지노로 큰돈을 벌었는데, 지금은 미국에서는 기회가 없다고 보고 중국 마카오에 2008년도 베이징 올림픽에 맞춰 준비에 한창이다.

많은 사람들은 카지노 근처에 가면 가슴이 설레, 얼른 들어가려 한다. 하지만 아델슨은 카지노를 보면 들어가려 하지 않고 오히려 한 발짝 멀리 가서 어떻게 하면 더 많은 사람이 들어가도록 할 것인가를 생각하고 개발을 하여 큰돈을 벌었고 지금도 벌고 있다. 이렇듯 같은 카지노를 보고 한 사람은 한 발짝 들어가서 경제적으로 어려움을 겪고 한 사람은 한 발짝 나와서 큰돈을 번 것이다. 같은 카지노를 놓고도 보는 시각에 따라서 결과는 이렇게 다른 것이다.

둘째는 타이밍인 것 같다. 투자의 귀재 워렌 버핏이 주식투자로 큰돈을 번 것은 다 아는데 그가 어떤 주식에 투자해 큰돈을 벌었는지는 잘 모르는 사람들이 많다. 그가 일반인들이 잘 모르는 특수한 주식에 투자해 큰돈을 벌었다고 생각하기 쉬우나 사실 그는 일반인들이 잘 알고 많이 투자하는 주식에 투자했다. 몇 년 전 발표된 그의 주식투자 구성을 보니 코카콜라, 아메리칸 익스프레스, 질레트(면도기 생산업체, 지금은 프락터&갬블에 합병되었음) 등이었다. 그는 좋은 주식을 골랐다기보다는 적당한 타이밍을 택한 것이다. 물론 그가 주식에만 투자한 것은 아니다. 한때는 미국 국가채권에 투자해 큰돈을 벌기도 했고, 심지어는 은(silver)에 투자해서 성공하기도 했다. 그러한 그가 최근에는 보험과 운송 주식에 관심이 많다는 소문도 들린다.

한때 세계 최고의 펀드 매니저로 이름을 날리다 은퇴한 피터 린치도 어떤 주식을 선택할 것인가보다 언제 투자를 할 것인가가 더 중요하다고 했다.

워렌 버핏도 그의 유명한 연례 연설에서 일반인들은 주식 선택을 할 것이 아니라 인덱스(운용 수수료가 적은 인덱스 펀드나 ETF (Exchange Traded Fund))에 투자할 것을 권했다. 다만 투자가는 단기 뉴스나 소문에 따라 어떤 주식을 살까 고민하기보다는 언제 인덱스

를 사고팔 것인가를 고민하는 것이 나을 것이다.

셋째로는 결단의 훈련이다. 이것은 과학이 아닌 심리적 습관이고 선생으로서 가르치기 가장 힘들며, 본인의 훈련과 수양으로써 가능한 것이다.

한 예로, 아무리 훌륭한 투자가도 100번 중 65번 밖에는 맞추지 못한다고 하고, 주식 선택에 있어서는 대부분의 전문가도 조금 숙달된 일반인과 다를 바 없으나, 다른 점은 잘못된 선택을 처리하는 습관이라고 한다. 보통 사람들은 자기가 투자한 주식 가격이 내리면, 자신을 합리화하기 위해서라도 조금만 기다리면 다시 오를 것이라고 믿고 더 내려가도 기다리지만, 성공한 투자가들은 잘못된 결정에 대해서는 과감하게 스스로의 잘못을 인정하고 손해를 보더라도 팔고(손절매) 그 자금으로 다른 곳에 투자하는 것이다. 허나 보통 사람들은 이것이 심리적으로 쉽지 않아 성공을 못하는 것 같다. 이것이 아마도 투자론을 가르치는 많은 경영학 교수들이 아직 은퇴하지 못하고 학교에 남아 있는 이유가 아닐까 한다.

국적 경제, 국경 경제

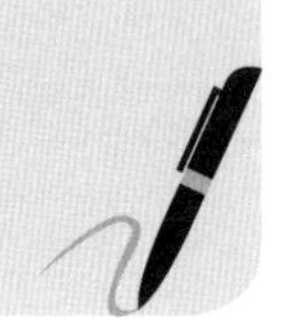

경제의 활성화를 위해 미국 연방준비은행이 기준금리를 5.25%에서 4.75%로 내렸다. 서브프라임 모기지 사태로 인해 주택매매를 비롯한 경제행위의 격감으로 GDP(Gross Domestic Product, 국내총생산) 성장률이 하락하는 것을 막기위해서이다.

GDP는 언제부턴가 모든 경제지표의 기준이 되었다. 전에는 GNP (Gross National Product, 국민총생산)를 기준으로 사용하다 경제의 세계화가 진행되면서 국적(National)보다는 국경(Domestic)을 중시하게 되었다. 이것이 진정 국민을 위한 기준인지 아니면 정치가들을 위한 것인지 생각해 볼 필요가 있다.

미국 켄터키주에 있는 도요타에서 생산되는 50만 대의 캠리는 미국의 GDP 지표에 포함되지만 일본 정부에서 발표하는 일본의 GNP에도 포함된다. IBM 일본 공장의 생산액은 일본의 GDP에 포함되면

서 또한 미국의 GNP에도 포함된다.

글로벌(Global) 시대에 어느 곳에 공장이 있든 문제될 것이 없어 보이기도 한다. 하지만 국가에 따라서는 GDP가 GNP보다 훨씬 크기도 하고, GNP가 더 큰 나라도 있다. 일본, 독일, 영국, 싱가포르 등은 GNP가 GDP보다 크고, 한국을 위시하여 중국, 인도, 태국, 인도네시아, 파키스탄, 필리핀 등은 GDP가 GNP보다 훨씬 큰 나라들이다. 여기서 GNP나 GDP가 더 큰 두 그룹의 차이는 명확해진다.

GNP가 GDP보다 더 큰 나라들은 선진국들이고 GDP가 GNP보다 더 큰 나라들은 개발도상국들이다. 20세기 중반 이후에 선진국으로 진입한 나라들도 처음에는 GDP가 더 컸으나 경제 발전으로 GNP가 더 커짐으로써 선진국에 진입을 하였다. 그러므로 진정한 선진국으로의 진입을 위해서는 우리도 GNP의 증가에 신경을 써야 하지 않을까?

여기서 GDP와 GNP의 차이점을 살펴보자. 생산을 하기 위해서는 노동과 자본이 필요하다. 노동은 많은 인구로 해결할 수 있으나 자본이 부족한 나라에서는 외국의 자본을 끌어들여 생산을 하게 된다. 이것은 자본을 제공한 나라의 GNP를 늘리고, 개발도상국의 GDP를 늘릴 것이다. 그러면 생산으로 인한 이익은 누구의 소유인가? 기업행위로 인한 수익은 소유주가 갖게 되듯이 생산으로 인한 수익은 기업의 소유 국가가 갖게 된다. 즉 선진국의 몫이다. 선진국 자본으로 개발도상국에서 생산하는 것은 개발도상국의 GDP만을 늘림으로써 개발도상국과 선진국의 GDP 격차를 줄여 보이게 하나, 거기서 나오는 수익은 선진국의 몫이다.

그러므로 GDP를 이용한 선진국과 개발도상국의 격차 해소에는 보이지 않는 그림자가 있을 수 있다. 그렇다고 GDP를 늘리는 것이 개발도상국에게 손해만을 가져다주는 것은 절대 아니다. GDP의 증가는 정치가들이 좋아할 요소를 갖고 있다. 그것은 GDP 증가를 위한 고용의 창출로 실업률을 낮출 수 있기 때문이다. 단기적으로는 경제에 많은 공헌을 할 것이다. 하지만 이것이 장기적인 혜택으로 이어지기 위해서는 개발도상국들이 모아진 자기자본으로 생산을 할 수 있는 기회를 찾아야 할 것이다.

문제는 개발도상국들이 자기 자본을 축적했을 때 외국 자본이 남겨 놓은 기회가 있을 것인가 하는 것이다. 우리도 단순히 소득 2만 달러(1인당 GDP 기준)를 외칠 것이 아니라, GDP뿐만 아니라 GNP의 증가에도 눈을 돌려야 진정한 선진국으로 갈 수 있을 것이다. 그러기 위해서는 정부나 정치권에서 대한민국의 GNP를 늘릴 수 있는 국내 기업들의 해외 투자에 적극적으로 빨리 나서야 선진국이 되기 위한 기회를 잃지 않을 것이다.

해외에서 많은 돈을 번 기업들이 외국에 투자하도록 적극 권유하여 우리의 GNP를 늘리는 데 써야 진정한 선진국으로 갈 수 있을 것이다.

살까? 갈까? 말까?

로또를 살까? 카지노에 갈까? 말까?

무슨 도박꾼의 고민 같은데 답은 말까이다. 이것은 경제 투자론의 답이다. 얼마전 발표된 국제 파생상품협회의 발표에 의하면 2006년도에 전 세계에서 파생상품(Derivatives, 선물(Futures) · 옵션(Option) 등)을 가장 많이 거래한 곳은 미국의 CME(Chicago Mercantile Exchange, 시카고상품거래소)나 CBOT(Chicago Board Of Trade, 시카고선물거래소)도 아니고 합병 예정인 두 곳을 합친 곳도 아닌 대한민국의 Korea Exchange라고 한다. 주식 거래량에서는 미국의 몇십분의 일에 불과한 한국 시장이 파생상품 거래에서는 세계 1위를 하였다고 한다. 2007년 상반기까지의 추세는 그 격차가 더 벌어졌다고 한다. 무엇이 한국인들을 이토록 열광하게 하는 것일까? 여기서 투자와 도박의 차이를 다시 한번 짚어 보자.

많은 사람들이 도박과 투자에 대해서 비슷하다고 생각을 하는데, 둘 다 위험을 갖고 있다는 점에서는 동일하다. 하지만 기대수익(Expected Return)에서는 확연히 다르다. 둘 다 수익을 보장해 주지는 않는다. 하지만 미국에서의 주식투자는 수십 년간 일 년에 10%의 수익을 냈다. 도박에 있어서 무심코 넘어가는 부분은 이 기대수익률이 마이너스라는 점이다. 아니 도박에서는 나는 잃더라도 누군가는 꼭 따는 사람이 있는데 무슨 소리냐고 한다면 도박도 제로-섬 게임(Zero-sum game, 잃은 돈과 딴 돈의 합계가 영(Zero)이 됨)이기 때문에 맞는 말이라고 할 수 있다. 하지만 이것은 우리들이 친구나 가족들끼리 고스톱을 칠 때고, 카지노에 가면 법적으로 카지노 주인에게 일정 %의 이윤을 보장해 주고 나머지를 승자에 나눠주므로 참가자 전체의 평균은 언제나 마이너스가 되는 것이다. 고로 카지노로 들어가는 사람은 도박을 하는 것이고 카지노회사 주식을 사는 사람은 투자를 하는 것이다. 도박 중에 가장 수익성이 좋은 것이 로또(Lotto)일 것이다. 그래서 정부가 독점하고 그 많은 수익을 가져가는 것이다.

이것이 한국의 파생상품거래와 무슨 관계가 있을까? 필자는 이것을 우리의 고스톱 문화와 연관이 있다고 생각한다. 파생상품은 상품의 구성이 제로-섬 게임(시장상황에 따라 모든 참여자들이 돈을 벌거나 혹은 돈을 잃을 수도 있는 주식시장과 달리 심지어는 주식시장이 폭락을 하여도 항상 승자가 있고 또한 패자가 있으면서 승자가 따는 만큼의 돈을 패자가 잃음)으로 만들어져 있어 도박과 흡사하다. 만약 파생상품이 어떤 이용자에게 위험분산(헤징, Hedging)의 효과가 없다면 도박과 같이 사회적으로 용납되어서는 안 될 것이다. 하지만 파생상품은 농업

생산자에게는 수확시기의 농산물 가격의 하락 시 보상을 해 줄 수 있고, 거래 회사의 파산 시 자연재해, 이자율 변동 등으로 인한 손해의 위험으로부터 보상을 받을 수 있는 기능이 있기에 스스로 얼마간의 돈을 지불하고 패자(보험계약자)가 될 수 있는 길을 택하고, 위험을 보상해 줄 각오로 승자의 편에 서서 경제 행위의 흐름을 원활하게 해 준다. 이렇게 함으로써 위험성 때문에 포기하려고 하던 경제 활동을 하게 해 주는 중요한 효과가 있다.

이러한 제로-섬 게임 속성이 고스톱 문화가 발달한 한국의 파생상품 거래 세계 1위를 설명하지 않을까 하면서, 마장(중국 고스톱)을 우리의 고스톱보다 좋아한다는 중국에 파생상품 거래가 시작되면 아마도 우리를 훨씬 능가하지 않을까 생각해 본다. 이때는 한국의 투자자들이 많은 수익을 낼 수도 있지 않을까 바람을 가져본다. 제로-섬 게임인 파생상품의 특성상 설사 중국 주식시장 상황이 좋지 않아도 연구하는 참가자는 언제나 수익을 얻을 것이니까. 고로 로또나 도박을 생각하시는 분은 파생상품을 연구하여야 할 것이다.

2008 2001 1991 2004

로또 번호 같은 이 숫자들이 미국 경제이다. 미국은 1991년과 2001년에 불황을 겪었고 2004년도에는 호황이었다. 경제상황은 GDP성장률을 기준으로 연속 2분기(3개월) 성장률이 마이너스인 경우 불황으로 정의된다. 미국은 불황을 정부가 주도 발표하지 않고, 공정성을 위하여 민간 학자들의 NBER이라는 단체에서 주관 발표한다. 지난 100여 년을 볼 때 최근 20여 년의 상황은 그전보다 불황을 덜 겪었으며, 특히 20년 가까이 미 중앙은행 총재를 지내고 작년 초에 은퇴한 그린스펀 의장의 적절한 금융정책의 덕으로 보고 있다.

그러면 내년의 경제 예측은 누구에게 물어보는 것이 가장 좋을까? 지도교수이자 노벨 경제학상을 수상한 마코위츠 교수에게 물어볼까, 아니면 주역(중국의 고전)과 토정비결 등에 정통한 후배에게 물어볼까? 모두 다 별로 내키지 않았다.

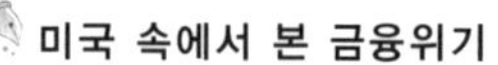

우리의 생활에서 경제 예측 외에 관심을 갖는 것이 기상 예측이고, 한국에서는 많은 돈을 투입한 기상청의 예측 오류에 대한 비난도 있다. 천체들의 움직임은 정확히 예측하면서, 몇백 년 뒤에 일어날 혜성의 근접도 예측하는데, 기상 예측은 그렇지 않은 이유는 한 가지 변수가 더 있기 때문이다. 인간의 환경에 대한 태도이다. 산업화라는 명목으로 환경파괴를 하면 그것은 (이산화탄소 과다방출로 인한 지구 온난화 등) 기후에 영향을 미칠 것인데, 인간의 행동 예측이 어려워 기상 예측이 어려운 것이다.

하물며 경제활동은 천재지변 등을 제외하고는 모든 것이 인간의 의사결정으로 이루어지니, 인간의 마음을 예측하지 않고서는 알 수가 없는 것이다. 경기 침체나 불황은 모두 결과적으로 나타나는 생산활동의 위축을 나타내는 말이다(예로 기업들이 판매는 생각지 않고 재고가 누적되는 데도 생산활동을 계속한다면 경기지표는 호황으로 나타난다.). 생산활동은 소비와 기업의 투자 등에 연관되어 있는데 미국에서 약 70%는 소비활동과 연관되어 있다. 그러므로 소비가 줄면 생산활동이 당연히 줄어 경기 불황이 되니 소비의 주체인 소비자가 경기의 좋고 나쁨을 결정하는 것이다.

그래서 정부는 소비를 장려하려고 여러 가지 정책을 내놓는 것이다. 그중 하나가 부시 대통령이 했던 세금 감면과 2002년도의 각 가정마다 천 달러씩의 특별 세금환급 등, 그것도 모자라 한 번도 현금배당을 않던 마이크로소프트의 빌 게이츠를 설득하여 배당을 하게 하고 2003년도에는 특별 세금혜택까지 주면서 1주당 3달러씩의 특별 면세 배당까지 하게 했던 것이다. 참고로 이 특별 배당으로 빌 게이츠는 약 4조 원, 그의 대학 친구 스티브 발머(신임 마이크로소프트 회장)도 약 1.5조 원의 현금을 챙겼다. 이것으로 소비심리가 살아났는지 미국 경제는 2003년 말부터 2004년도에 걸쳐 호황을 누렸다. 그 뒤를 이어 미 중앙은행의 그린스펀은 이자율을 역사상 가장 낮은 연 1%까지 낮춰 경기 호황을 이어가려 했고, 금년 중반까지는 성공적으로 보였다. 이자율의 하락으로 소비를 늘리려 한 정책은 많은 소비자들이 집을 장만하거나 늘리는 최고의 시기로 삼아 부동산 가격의 급격한 상승을 가져왔다. 그러나 문제는 여기서 그치지 않았다. 켄터키주의 연방상원의원인 짐 버닝의 지적대로 중앙은행의 감독미비로 많은 금융기관들이 여세를 몰아 더 많은 모기지 비즈니스를 위해 심사기준을 낮춰 크레딧이 모자라는 사람들한테도 돈을 빌려주고, 심지어는 이자만 내는 모기지 등의 신상품을 내놔 많은 호황을 누렸다. 이런 부동산 호황으로 부동산 투자자들도 경제적 이득을 봤지만 Toll Brothers, H.R. Horton 등의 주택 건설회사들의 주식지수(DJ Wilshire Home Construction Stocks Index)는 2001년도에 비해 2005년 말에 4배가량 올랐다. 하지만 이 지수는 2007년도 하반기에 2001년도 수준으로 다시 근접하고 있다. 2005년도 하반기부터 투자자들은 부동산 경기의 후퇴와 현재의 부동산 문제를 예측한 것이다. 이렇듯 경제의 예측은 인간의 심리를 가장 잘 반영한다는 주식시장을 보는 것도 현명한 방법일 것이다.

그러면 2008년도의 미국 경기는 어떨까? 중요한 지표인 은행 간 이자율이 4.25%로 내려와 있는데 미국 주요 22개 채권딜러기관들의 금년 초 예측 평균치는 4.75%였으니 그들의 예측도 많이 빗나간 것

이다. 그중 4.25%인 2007년도 이자율을 맞춘 도이체방크 등 세 기관들의 2008년도 예측은 더 내려간 3.5%이다. 이것은 내년도 경기가 그만큼 나쁠 것을 예측하고 있는 것이다. 대다수 전문가들도 2008년도에 불황 혹은 침체를 예측하고 있다. 또한 그린스펀의 후임 버냉키 의장에게는 정부의 정책에 대한 신임이 부족한 것 같아 그린스펀 의장 시절의 효과가 나타나지 못할 것이라는 점도 우려되는 부분이다.

미국 500대 기업의 수익의 절반은 미국 외에서 오고 요즘은 유로화의 강세로 많은 유럽인들이 미국으로 쇼핑 여행을 오는 것도 미국 경제에 도움을 주고 있다. 그러나 유럽 등 외국이 같이 이자율을 낮춘다면 상대적으로 미국 달러화의 수요가 늘고 이것은 달러화의 강세를 가져와 미국 경제 회복에 방해가 될 것이다. 즉 이자율 하락과 달러의 약세가 유지된다면 경기의 침체는 어느 정도 막을 수 있을 것이다. 하지만 최근의 추세가 달러화 하락이 멈추고 상승을 할 태세로 보이는 점도 경기 회복에는 걸림돌이 될 수 있다. 미국 정부는 당분간 강한 달러화 정책을 쓰기가 어려울 것이다.

더 큰 문제는 국내 소비의 침체인데, 이것은 부동산 가격 하락 등으로 인한 소비의 침체가 아닌 소비 심리의 침체이다. 돈이 없어서가 아니라, 돈을 갖고 있는 사람들이 소비를 안 하는 데 있는 것이다. 정부는 많은 유인책으로 소비 심리를 살리려 하고 그 대책의 하나로 중앙은행이 유럽과 협력하여 은행들로 하여금 더 많은 대출을 독려하고 특단의 대책으로 일부 모기지를 빌린 사람들의 이자율 상승을 동결하여 도와주려고 하고 있는 것이다. 이러한 노력에도 대다수의 전문가들은 현재의 평균 주택 가격이 가구 소득의 3.5배나 되기 때문에 떨어질 것으로 보고 있는데, 1990년대 초반 부동산 침체기에는 이 지수가 가구 소득의 2.7배로 떨어지기도 하였다. 전문가들도 맨해튼 등의 일부 콘도 등을 제외하고는 내년도 부동산 시장의 침체, 하락을 예상하고 있다.

미국에는 2008년도에 대통령 선거가 있다. 선거도 경제에 많은 심리적 영향을 주어 왔는데 지난 1940년대 이래로 16번의 대통령 선거 동안 대통령 취임 첫해와 두 번째 해의 주식시장은 오름과 내림이 반반 정도(16번 중 7~8번 내림)이고 2007년도와 같은 세 번째 해에는 16번 중 단 한 차례도 주식시장이 내려간 해가 없고, 2008년도와 같은 취임 네 번째 해에는 16번 중 단 네 번(2000년, 1984년, 1960년, 1948년)만 주식시장이 하락을 보인 것은 내년도 경제심리에 도움이 될 것이다.

또한 거대 공룡으로 크고 있는 중국이 올림픽을 마치고 위안화 절상 압력으로 경기가 침체되고 이로 인한 미국 수입물가지수의 상승, 국제 쌀값 상승 등으로 인한 인플레이션 압력으로 미국 정부가 이자율을 낮추지 못할 경우에는 경기 회복이 더 더딜 것이다. 벌써 지난달 물가지수가 예상치를 초과하여 긴장하고 있다. 이러한 국제 원자재값 상승 등으로 인한 인플레이션 압력은 앞으로도 거세질 것이고, 이럴 때는 풍부한 원자재와 정치 안정 등으로 경기가 회복하고 있는 남미의 브라질 등으로 눈을 돌릴 것을 부동산지수(S&P/Case Shiller)로 유명한 예일대의 쉴러 교수도 권하고 있다.

불황에는 그래도 부동산? 주식?

며칠 전 전 세계에서 가장 많은 수입과 소비를 하는 미국에 불경기가 올지도 모른다는 두려움에 일본, 홍콩, 인도, 영국, 독일 등 거의 전 세계 주식시장이 하루에 5% 이상 폭락했는데, 미국은 공휴일이라 주식시장이 열리지 않았고, 정부와 중앙은행 간부들이 모여 신속한 대응을 할 수 있었다. 중앙은행이나 정부 모두 GDP의 증가를 가져올 수 있는 정책을 찾아야 하는데 생산을 늘리기 위해서는 소비를 늘려야 하므로, 중앙은행은 기준 금리(은행들 간의 1일 단기 거래 시 적용하는 금리)를 0.75% 내린 연 3.5%로 전격 발표하였다(예정되지 않은 날짜의 금리정책 발표는 아주 예외적으로 지난 2001년의 9·11 사태 이후로는 처음이다.). 중앙은행의 이러한 행동은 이자율을 내려 자동차 등의 구입비용을 낮춰 소비를 증가시키고, 결과적으로 생산을 증가시켜 불황으로 가지 않게 하려는 것이다. 문제는 0.75% 인하가 충분한가인데, 기업들이 효과를 단기적일 것이라고 본다면, 생산을 증가시키는 대신 재고품을 팔아 단기적 소비증가에 반응할 것이다. 또 한 가지 주목해야 하는 것이 정부의 기준 금리 인하에 단기적인 프라임 이자율 등은 예전처럼 정부의 기대대로 0.75% 내린 6.5%로 홈에퀴티론(home equity loan)이나 신용카드 빚이 많은 사람들에게는 조금의 도움을 줄 것이다. 하지만 이번 불경기의 진원지라 할 수 있는 주택 모기지율은 별로 변동이 없어 그렇지 않아도 좋지 않은 주택 경기를 살릴 수 있는 처방인지는 의문시되고 있다.

단기 이자율과 달리 전통적 모기지율은 30년 만기 미국 국채(T-bond) 수익률에 달려 있는데, 이것이 별로 변화를 보이지 않고 있는 것이다. 모기지 이자율이 내려가기 위해서는 30년 만기 미국 국채 가격이 올라야 하는데(이자율과 채권 가격은 반대 방향으로 움직인다. 왜냐하면 만기 시 같은 금액을 주는데, 높은 가격을 지불하면 낮은 가격을 지불할 때보다 수익률(이자율)은 떨어지는 것이다.), 예전 같으면 미국 국채의 40% 정도를 사들이는 외국 정부나 투자자 중 가장 많이 사던 일본과의 관계가 좋으니 부탁을 해 보련만, 지금은 미국 국채를 가장 많이 보유하고 사들이는 나라가 중국인데 중국과의 관계가 그 정도로 가까워 보이지는 않는다(참고로 중국 외환보유고 중 미국 국공채에 투자된 돈은 대한민국의 1년 GDP와 비슷하고, 1년에 중국이 사들이는 외국(주로 미국) 국채 등은 대한민국 1년 예산에 버금갈 정도니, 이제는 중국 경제가 미국 경제에 영향을 줄 수 있는 때가 된 것이다.).

중앙은행의 0.75% 이자율 인하 외에 부시 행정부는 소비자 가구에 직접적으로 600~1,200달러 내외의 현금을 나눠주기로 발표하였

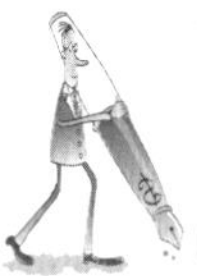

다. 문제는 이 돈이 소비로 가야 하는데, 지난번 2001년 불황 때의 경험으로는 돈을 받은 소비자들이 직접적인 소비에는 약 20%만 쓰고 나머지는 저축과 빚을 갚겠다고 했으니, 이번 1,500억 달러의 경기 부양책에서 실제 소비될 것으로 보이는 약 350억 달러는 14조 달러에 달하는 미국 GDP의 약 하루치 생산 증가 효과만을 가져올 것으로 보여 추가적인 대책이 필요하다.

그러한 추가 대책의 일환으로 주택시장을 부양하기 위해 점보(Jumbo) 모기지(2008년 현재로는 417,000달러를 초과하는 모기지)의 상한선을 올려 1% 이상 더 높은 이자율을 부담하는 점보 모기지 대출자의 부담을 덜어 주려고 하고 있다. 미국 전반적인 주택시장은 이미 작년에 25년 만에 가장 낮은 매매거래를 보였고, 중간 가격은 40년 만에 처음으로 하락하였다. 물론 보스턴, L.A., 플로리다, 워싱턴, 뉴욕, 뉴저지 등은 이미 주택가격이 하락하기 시작했고, 시애틀, 오레곤, 동부의 애틀랜타 등은 비교적 나아 아직 하락이 시작하지 않고 있지만 그곳들도 뚜렷한 둔화 조짐을 보이고 있다. 월 스트리트 저널 등은 아직도 강세인 뉴욕 맨해튼 주택시장의 원인으로 재산세 감세와, 지난 5년간 2배 이상 증가했고 지금도 빠르게 늘고 있는 맨해튼 남부의 거주 인구 유입으로 보고 있다. 또한 CNN Money 방송에서 동부에서는 유일하게 코네티컷주의 브리지포트 지역을 유망한 부동산시장으로 추천하고 있는데, 기차로 출퇴근이 가능하고, 가격이 아직 저렴하면서도 부유한 페어필드 카운티에 있고, 맨해튼과 같은 재산세 감세 등으로 젊은 층들이 많이 찾는 기차역 주변의 역세권을 중심으로 가격이 오를 것으로 보고 있다.

누가 한국의 워렌 버핏이 될까?

워렌 버핏(Warren E. Buffett)하면 한국에도 많이 알려진 미국 2위의 부자이며 최고의 투자자로 알려진 77세의 버크셔 해서웨이(Berkshire Hathaway)라는 조금은 낯선 회사의 회장이다. 그 회사는 미국에서 주식가치로는 다섯 번째인 220조 정도 되며, 1주당 가격은 우리의 상상을 초월하는 1억 4천만 원 정도이다.

그러면 주식으로 최고의 부자를 따지는 현대의 정 회장, 혹은 삼성의 이 회장이라고 해야 하나, 아니면 주식투자의 고수라는 미래에셋 그룹의 박 회장을 떠올려야 하나. 필자의 대답은 모두 아니다.

서브프라임 사태가 시작된 2007년 가을부터의 주가를 봐도 20% 가까이 하락한 한국이나 미국의 주가지수에 저항하지 못하는 듯 미래에셋 주가도 200,000원 정도에서 140,000원 정도까지 내려왔다. 하지만 워렌 버핏이 이끄는 버크셔 해서웨이 주가는 같은 기간 동안

20% 가까이 올랐으니 왜 투자의 귀재라 하는지 다시 한번 수긍이 간다.

그의 투자자로서의 성공은 부러움과 동경의 대상이지만 존경심까지는 가지 않을 것이다. 하지만 50조 이상의 개인적인 부를 가졌음에도 검소한 집에서 50년째 살고, 싸구려는 아니지만 소박한 미국제 자동차를 직접 운전하고 시골 동네 이발소를 다니는 것도 그의 개인 취향이라고 할 수 있지만, 자녀가 셋이나 있음에도 유산을 물려주지 않고, 자신의 이름으로 재단을 만들어도 세계적인 재단이 되어 이름이 오래오래 남을 수 있음에도, 가장 신뢰한다는 마이크로 소프트의 빌 게이츠 자선단체에 대부분을 기부하고, 미국의 상속세가 너무 작아 사회평등 해소에 도움이 안 된다고 상속세 인상운동을 벌이고 있음은 한국인에게는 아직은 상당히 낯선 일일 것이다.

그런 워렌 버핏이 미국 경제에 도움을 주고 싶다고 제안을 해, 100여 년간 미국인 소유에서 지금은 호주의 언론재벌 루퍼트 머독 소유가 된 최고의 경제지 월 스트리트 저널의 헤드라인을 "버핏이 미국 달러화 상승에 도움을 주었다", "버핏의 제안으로 다우존스지수가 100포인트 이상 상승했다" 등으로 장식하게 만들었다.

지금 미국 경제의 문제는 천재지변이나 전쟁 등의 재산 파괴로 인한 것이 아니다. 지금의 문제는 돈이 없는 것이 아니라 돈이 돌지 않는다는 것이다. 환자가 다쳐 피를 많이 흘렸다면 수혈을 해 주면 살릴 수 있다. 하지만 지금의 환자는 피가 모자라는 것이 아니라 피가 몸속을 원활히 순환하지 못해 몸의 일부분, 그중에서 손이나 발과 같은 말단이 상해 가고 있는 것이다.

하지만 현재의 상태는 심지어 학자금 융자도 더 까다롭고 어려워

진다고 한다. 은행이나 기관투자자들이 도산 가능성의 증가로 신규 자금 공급을 꺼리고 있는 것이다. 신규 주택 구매 시에는 모기지 보험, 또한 기업들의 채권발행에는 채권보험들이 그 역할을 하여 그들의 보증으로 기업이나 개인들이 자금조달을 가능케 하여 왔으나, 지금은 보증을 해 주던 보증보험회사들이 도산위기에 처해, 보증을 못하게 되어 자금이 더욱 움직이지 못하고 있는 것이다. 워렌 버핏이 이러한 곳에 800조 원까지 본인 회사를 통해 보증보험회사의 보증을 해 자금의 흐름을 원활하게 하여 미국 경제에 도움을 주겠다고 나선 것이다. 물론 그가 부자(약 50조 원)라도 미국 경제 전체에 필요한 피를 원활히 돌릴 수는 없겠지만 한국에도 이러한 노블레스 오블리주가 많이 나올 수 있기를 바라며, 가르치는 교수로서 워렌 버핏에게 경영학을 가르쳤다는 그라함(Graham) 교수를 존경하며 부러워해 본다.

비자 기업공개 꼭…

지난 19일 아침 세계 최대의 신용카드 회사인 비자(Visa)가 기업공개(Initial Public Offering: IPO)를 하였다. 한국에서는 공모주 청약이라고 하는데, 회사 성장을 위한 자금 조달을 위하여 주식을 처음으로 시장에 상장하는 것이다. 비자(Visa)의 기업공개는 미국 금융 사상 가장 크고, 두 번째로 컸던 ATT의 셀폰 사업의 공모보다도 2배 가까이 큰 것으로 많은 관심을 끌었다.

기업공개 투자는 현실적으로 가장 확실하게 돈을 벌 수 있는 몇 안되는 방법인데, 미국에서는 실질적으로 부자들만의 파티로 그들의 수익을 올려 주는 아주 확실하고 좋은 방법이 되어 왔다. 비자도 공모 전날 1주당 44달러에 팔았고 다음 날 시장 개장과 동시에 60달러로 뛰었다. 약 35% 이상의 수익이다. 그러나 이 정도는 미국 공모주의 경우에는 많은 것이 아니고 오히려 평균적이다. 하루에 35%가 올랐으니 1년을 기다리면 신흥 재벌(?)이 되는 게 아닌가? 답은 아니다. 공모주를 살 경우에는 바로 다음 날 아침 시장 개장과 동시에 파는 것이 가장 좋다고 알려져 있다. 학생들에게도 꼭 그렇게 하는 것이 가장 좋다고 알려 줬고, 마침 전날 저녁에 그 두 학생이 저녁 수업 후 다시 한번 확인을 하길래 또다시 얘기를 했다. 계속 보유하고 싶다면, 다시 사는 한이 있더라도 꼭 첫 번째로 팔도록 설득을 하였다. 문제는 과학적 논리보다는 경험적 이야기라 그런지 반신반의하는 느낌이었다.

나중에 들으니, 아무래도 교수님의 얘기라 이론에만 치우쳤을 것 같아서, 조금 기다려보다 팔았더니 수익률이 조금(30%)은 적었다고 한다. 그래도 MBA 일 년치 이상의 등록금을 벌었다니 필자도 흐뭇하였다. 실제로 작년에 공모를 한 중국 최대의 인터넷 회사의 하나인 알리바바(Alibaba.com)의 경우도 전날 13.5달러에 공모를 하여 개장과 동시에 40(아직도 연중 최고치)달러에 거래가 되었고 지금은 공모가인 13.5달러 정도에 거래가 되고 있다. 이렇듯 공모주는 공모 전날 구입하여 공모 첫날 개장과 동시에 파는 것이 가장 좋은 투자 방법이다. 물론 예외도 있다. 우리들이 잘 아는 구글(Google)의 경우는 물론 전날 산 투자자들은 하루에 20% 이상의 수익을 올렸고 계속해서 올라갔다. 헌데 구글의 경우는 공모주를 소액 투자자들에게도 공평한 기회를 주기 위하여 EBay나 미국 국채에서 사용하는 더치식 경매(Dutch Auction)방식을 통해 매각함으로써 많은 투자자의 관심을 끌었고 그것이 어느 정도 공모 후의 주식 수요에도 영향을 주었을 것이다.

미국에서의 공모주 투자 성공의 열쇠는 어떻게 전날 주식을 구입할 수 있을 것인가이다. 미국의 모든 공모주가 좋다는 것은 아니고, 특히 브로커가 먼저 살 것을 권하는 공모주라면 아마도 잘 팔리지 않는 공모주일 것이다. 왜냐하면 회사들은 우선 큰 투자자들에게 먼저 우선권을 주고 그들이 사지 않을 때 소액투자자들에게 접근을 하므로 그런 공모주는 피하는 것이 더 나을 것이다. 그러니 적극적으로 찾아 나서서 얻는 것이라야 수익이 나온다는 경험의 법칙이 이곳에도 적용되는 것이다. 한 가지 안타까운 것은 이번에 수익을 얻은 학생들은 둘 다 한국 학생들은 아니고 중국과 태국 유학생들이다. 한국 투자자들도 미국에서 좀 더 적극적으로 투자에 나서면 아직도 많은 기회가 있을 것이다.

자전거 팔아 자동차 사자

다음 달 6일에는 한국증권거래소에 상장된 종목 중 국민은행, 삼성전자, 포스코 등 15개 종목에 대하여 개별주식 선물이 시작된다. 4대 파생상품인 주가지수 선물, 주가지수 옵션, 개별주식 옵션에 이어 개별주식 선물이 소개되어 최고의 금융 선진국과 같은 수준이 되는 것이다.

선진국 수준의 상품이 소개만 되는 것이 아니라 2007년도 코스피 200 지수 옵션 거래량은 26억 4,300만 계약(1계약은 100주)으로 세계 2위인 다우존스 유로50 지수 옵션 거래량보다 무려 10배 이상 많다. 그런데 2002~06년 코스피 지수 선물 옵션에서 개인 투자자들은 2조 842억 원을 잃었고, 반면 증권사는 7,556억 원, 외국인은 1조 3,286억 원을 땄다고 한다. 여기서 증권사의 7,556억 원과 외국인의 1조 3,286억 원의 수익을 합하면 정확히 개인 투자자들의 손실인 2

조 842억 원이다. 이는 '제로섬 게임' 특성 때문이다. 내가 800달러를 잃으면 상대방은 더도 덜도 아닌 정확하게 800달러를 딴다.

그런데 왜 개인 투자자들은 몇 조 원을 파생상품으로 잃고, 그 손실금액 전부를 외국인과 기관들은 따가는 것일까? 아마도 파생상품의 '제로섬 게임' 특성만 생각하여 '누군가는 꼭 딴다. 그것은 도박과 같은 것이다.'(도박도 '제로섬 게임' 특성이 있다.) 하여 마치 고스톱에서 '못 먹어도 고'를 해야 진정한 고수로 대접(?)받는다는 착각(?) 때문일까? 그러한 모험정신을 꼭 해롭다고 생각하지는 않는다. 어쩌면 우리가 이만큼 선진국 문턱에 와 있게 한 동력의 하나였는지도 모른다. 위험을 피하기보다 적극적으로 맞서려 하는 정신이 없었다면 경부고속도로나 현대 조선소, 포항제철과 같은 한강의 기적이 안 나왔을 수도 있다.

그렇다면 많은 고급 정보가 필요한 것인가? 미국에서는 2000년 10월 23일 나온 정보공개법에 의해 어느 누구도 정보를 단 일 분이라도 먼저 접할 수가 없다. 그래서 정보의 싸움이 아니라 분석의 싸움이다. 같은 정보로 누가 보다 정확한 분석이 가능한가의 경쟁이다. 그래서 며칠 전 많은 수익을 올린 소액 투자자 학생의 예를 소개하려 한다.

광고시장은 신문 등의 전통적인 광고매체보다는 인터넷을 이용한 광고가 몇 배 빨리 성장을 할 것이라는 기사가, 뉴욕타임즈지도 지난분기에 적자를 봤다는 내용과 함께 보도됐다. 또 다른 기사는 2004년 12억 달러였던 구글의 인터넷광고 수입이 금년도에는 80억 달러로 증가한 반면, 2004년 인터넷광고 수입이 16억 달러로 구글보다 많았던 야후는 금년도에는 구글의 반도 안되는 35억 달러로 예상되며, 구글이 분기 실적을 발표할 것이라고 하였다. 상식적인 투자자들이 구글의 향상된 실적 발표를 예측하기에 충분한 기사들이었다.

그러자 한 학생이 산악 자전거를 사려고 모아둔 900달러를 투자해 보고 싶다고 하여, 인터넷을 통해 브로커리지 계좌를 열고, 구글 주식을 사는 대신에 구글 콜옵션을 사는 것이 어떻겠는가 하여 해 보도록 하였다. 구글 주식을 450달러씩 2주를 사는 대신 0.30달러인 구글 콜옵션(행사가격 510, 주식가격이 오르더라도 510달러로 살 수 있는 권리) 3천 주를 샀다. 구글의 30% 수익 증가 발표로 주가는 540달러로 20% 상승하였다. 주식에 투자한 경우도 적지 않은 20%의 수익을 냈지만 구글 콜옵션 투자자는 주당 30달러(540−510)씩 3천 주로 약 100배인 88,000달러의 수익을 내어, 자전거를 사려던 900달러로 88,000달러짜리 고급 승용차를 살 수 있게 되었다.

맥주 마실래? 돈 마실래?

얼마전 세계 최고의 부자로 잘 알려진 워렌 버핏이 버드와이저 맥주의 안호이저-부시 주식을 대량 사들였다는 소식이 있어 조금 의아해했다. 그러나 쌀과 옥수수 등 곡물의 국제적 재고량이 몇 년째 줄고 있고 밀, 보리, 콩, 쌀 등의 가격이 인상되고 있다는 소식이 들려오면서 그 혜안에 감탄한 적이 있다.

상품 가격 인상은 기업들에게도 중요한 사건이다. 기름값의 인상은 항공사들에게는 치명적이다. 그러한 위험을 줄이기 위해서 항공사들은 원유 선물 계약을 매수하여 값이 오르더라도 현재의 낮은 가격으로 구입할 수 있는 권리를 사는 것이다. 그런데 선물계약은 이러한 권리만 주는 것이 아니고 미래에 반드시 사야만 하는 의무도 같이 주고 있다. 만약에 값이 하락하여도 원유 선물을 현재 구입하면 반드시 미래에 원유를 구입하여야 하므로 원유 가격 하락 시에는 비싼 가격으로 사야 해서 손해를 보게 된다. 만약 이러한 의무를 지지 않고 권리만 갖고자 하는 투자자는 옵션을 구입하면 의무는 없이 권리만 갖게 되는 대신에 초기에 상대적으로 더 많은 투자를 해야 한다.

최근에는 농산물을 주재료로 하는 회사들에게서 기업 합병 움직임이 보이는데, 그중 하나로 삽-밀러 회사에 이어 세계 2위이면서 한국 IMF 위기 때 두산그룹의 OB맥주를 인수하고, 벡스 상표로 유명한 인베브 회사가 미국 제일의 안호이저-부시를 인수하려 한다는 소식이 들려왔다.

그 소식에 주가는 즉시 8%가 올라 투자자들을 미소 짓게 하였다. 미소보다는 함박웃음을 원한다면 주식이 아닌 파생상품 투자가 필요하다.

파생상품 중의 하나인 콜옵션은 시장에 갈 때 가져가는 쿠폰과 똑같은 것으로 시장에서 쿠폰을 주고 물건을 싸게 구입하는 원리와 똑같다. 만약 마음에 들지 않으면 가져간 쿠폰은 쓰레기통에 버리면 그만이다, 꼭 그 물건을 사야 할 아무런 의무나 책임이 없다. 다른 점이 있다면 쿠폰은 공짜로 배포되는 데 반하여 콜옵션은 돈을 주고 사는데 가격은 많은 경우 1달러 이하이다. 여기서 갖게 되는 의문 중의 하나가 쿠폰은 시장 주인이 주는 혜택인데 콜옵션의 경우에는 과연 누가 주식을 싸게 파는 혜택을 주는 것일까? 회사가 기업 선전 차원에서 줄까? 절대로 아니다. 바로 여러분의 돈을 가져가는 콜옵션을 파는 사람이다. 그들은 다른 예상치를 갖고, 여러분이 마음에 들지 않아 옵션을 사용하지 않고 쓰레기통에 버릴 것이라 기대하고 콜

옵션을 파는 것이다.

이번 안호이저-부시 회사 건에서도 주식을 산 투자자들은 8%의 수익으로 미소를 지었을 뿐이지만, 당일 평상시의 11배인 5,500만 주가 거래된 주식과 거의 같은 양이 거래된 콜옵션 투자자들은 많게는 300%(주당 35센트이던 콜옵션이 1달러 43센트로 상승) 이상의 수익을 하루에 얻어 미소를 멀리하고(?) 함박웃음을 지을 수 있었던 것이다. 이렇듯 우리도 맥주를 마실 것이 아니라 투자를 통해 돈을 마실 수 있는 날이 빨리 오기를 기대해 본다. 다음에도 이러한 기회가 온다면 주식투자만 고집할 것이 아니라 콜옵션에 투자하는 것도 하나의 대안이 될 것이다.

부동산, 오일 어디에 투자해야 하나?

연일 들려오는 유가 인상 소식에 주유소에 가기가 두렵고, 장거리 여행에도 신경이 쓰이고, 오랜만에 한국을 방문하려다 올라버린 비행기값에 놀라는 일이 일상화되었다. 주식시장도 전망이 좋지 않다 하고 미국의 경기 전망도 밝지 않다는 소식만 들려온다. 그러면 미래와 노후를 위한 자금은 어디다 투자를 해야 하나 심각한 고민에 빠진다. 국제유가는 2년 내에 배럴당 200달러가 될 것이라는 투자은행 골드만삭스의 전망도 나오고 반대로 지금의 반이 될 것이라는 한국 삼성증권의 전망도 나오고 있다. 수요가 늘면 가격이 오르고 공급이 늘면 가격이 내린다는 경제원리가 있다는데, 사우디아라비아 정부가 증산을 하겠다는 뉴스에도 기름값은 별로 변동이 없고, 투기세력들이 기름값을 올려놨으니 그들만 단속하면 기름값이 내릴 것이라는 사람도 있다. 그러나 공급의 측면은 기름이 전화기나 자동차

같은 공산품이 아니라서 작업시간 연장이나 공장증설로 생산량을 늘릴 수는 없고 새로운 유전을 찾아야 하는데, 그것은 자연적인 한계도 있고 시간도 상당히 걸린다. 최근 부시 정부도 새로운 유전개발을 위하여 인근 바닷가 탐사 개발을 요청하여 놓고 있으나 국회 통과가 되도 시간이 상당히 걸릴 것이다. 그렇다면 단기적으로 국제유가의 하락을 가져올 수 있는 요인은 기름의 수요일 것이다.

국제적 오일 수요를 보면 대략 하루에 8,800만 배럴을 사용하고 그중의 약 4분의 1을 전 세계 인구의 약 5%를 차지하는 미국이 소비하고 있다. 하지만 미국의 기름 사용량은 지난 수년간 변동이 별로 없었으니 이번 유가 인상의 직접적인 원인은 아닐 것이다. 최근 기름 수요가 폭발적으로 늘어난 곳은 짐작하듯이 중국이다. 국제에너지협회의 최근 발표에 의하면 2000년까지 10년간 중국의 1일 소비량이 220만 배럴에서 420만 배럴로 약 200만 배럴이 늘었는데 2008년에는 수요가 2000년보다 400만 배럴이 더 늘어날 것으로 예측되고 같은 2000년 이후 2008년까지 한국, 미국, 일본 등이 참여한 경제개발기구(OECD) 30개 회원국 전체의 수요는 중국 한 나라의 4분의 1인 100만 배럴도 안 될 것으로 예측되고 있다. 그러므로 중국의 경제가 위축되기 전에는 국제유가의 하락세는 기대하기 힘들 것이다.

다음으로 미국 부동산시장을 보면 2006년 정점을 이뤘던 캘리포니아, 플로리다, 네바다, 애리조나 등의 시장은 이미 많이 내려왔는데, 지난 침체기를 보면 1986년도에 피크였던 부동산시장은 약 5년 이상 약세였고, 1972년 하락시장은 약 30개월 이후부터 서서히 회복하기 시작했으니 이번 시장의 회복도 금년 하반기부터 기대해 볼 만

하다. 최근 수년간 GDP 성장에 주도적 역할을 했던 홈에쿼티론 등 집값 상승분을 이용한 대출(MEW: Mortgage Equity Withdrawal)이 2006년에 비해 70% 이상 하락하는 등 소비심리가 위축된다는 통계도 나오고 있어 경기가 빠르게 회복될 것 같지는 않다.

헤지펀드의 귀재이자 9조 이상의 재산을 소유한 조지 소로스는 얼마 전 펴낸 책에서 버블 경제에 대해 경고를 하였다. 그러면 우리는 어떤 곳에 미래를 위한 투자를 해야 할까? 지난 주말에 시티그룹, 골드만삭스, 제이피모건, 모건스탠리 등에서 일하는 한인 젊은 뱅커들과의 모임이 있었다. 같은 분야의 학계에 있는 필자를 포함하여 주식시장 예측에 관해 토론을 했는데 시장의 예측은 현대 과학으로는 아직 해결하지 못한 분야인 것 같다. 투자로 많은 돈을 버는 사람들은 그들의 예측이 완벽해서가 아니라 그들의 위험 관리가 좋았기 때문이라고 생각하는 것 같았다. 성공한 투자자들은 손실을 대비해 투자한 종목이 3% 혹은 5% 하락하면 감정을 개입시키지 않고 자동적으로(눈물을 감추며 입술을 깨물고) 팔고 다른 투자종목에 투자하는 식이다.

세계 최고의 부자이면서 투자자인 워렌 버핏은 수년 전 주주총회 연설에서 모든 개인 투자자들은 개별주식을 선택하지 말고 지수(인덱스) 같은 곳에 투자하라고 충고하더니, 이번에는 100만 달러가 걸린 투자게임에서 향후 10년간 주가지수와 헤지펀드 평균수익률 중 주가지수에 자신의 돈을 걸었다. 결론적으로 오일가격의 상승이 예측되면 오일 ETF, 금융주의 상승을 점치면 은행 ETF와 같은 일종의 지수에 투자하여 수익도 얻고, 노벨상 수상자인 마코위츠 교수의 분산투자를 통한 위험 감소도 얻는 것이 좋을 것이다.

로또, 경마, 카지노 아니 콜옵션을…

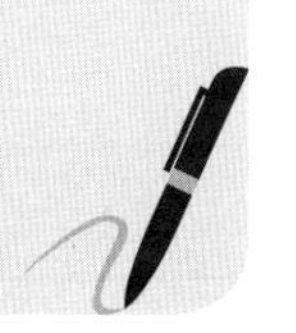

지금은 여름방학 기간이라 학생들의 연락도 뜸할 때인데 두 학생이 이메일을 보내왔다. 한 학생은 지난 학기 수업을 듣고 강의 중에 토론한 비자 신용카드회사의 주식을 샀다 재미를 본 학생이고, 한 학생은 몇 년 전에 졸업을 하고, 필자 강의 애프터 서비스제도로 질문을 한다고 메일이 왔다. 모두 요즈음 주식시장이 베어마켓(지난번 최고점에서 20% 이상 하락)이라 지금을 투자적기로 판단한 듯하다. 그래서 프레디맥이나 패니매 같은 금융회사에 투자하는 것이 어떠냐는 질문들이었다.

올해는 미국 대통령선거가 있는 해라 정부에서도 주식시장에 신경을 쓸 것이다. 패니매와 프레디맥은 친숙하지는 않지만 주택시장과 밀접한 관련이 있고 그들의 붕괴는 주택시장, 나아가서는 미국 경제의 하강을 가져올 것이라고 하는 회사들이다. 그들은 마이크로소프트 같은 민간회사이면서도 정부의 주도하에 세워진 회사들이다. 미국 전체 GDP에 맞먹는 11조 달러의 미국 모기지시장 중 거의 50%를 보증하거나 소유하고 있다. 모기지는 은행에서 주지만 은행들은 신규 자금을 위해 주택 매입자에게서 받은 모기지 서류를 패니매나 프레디맥 같은 회사에 팔아 자금을 얻어 새로운 모기지를 줄 수 있게 하는 중요한 역할을 하는 회사들이다. 그들의 매수 자금은 돈을 발행하는 것이 아니라 사들인 모기지 서류들을 분류하고 작은 단위로 나눠 일반 투자자들에게 판다(이것을 securitization이라 한다.). 투자자들이 사들인 모기지 채권 중에 신용도가 낮은 모기지 서류를 서브프라임 모기지라고 한다.

그런데 좋은 주식을 좋은 시기에 발견했다 하더라도, 투자금이 없거나 모자란다면 그림의 떡일 것이다. 이것이 필자 학생들의 고민이다. 한국에서는 주식 종목에 따라 30~40%만 지불하고 나머지 60~70%는 증권회사에서 자동적으로 융자를 받는 마진계좌를 이용함으로써 좀 더 많은 수익을 낼 수 있다. 미국에서도 마진 어카운트를 개설하면 50%만 지불하고 나머지 50%를 자동대출 받을 수 있다.

하지만 이것도 마진계좌를 갖지 않은 투자자들에 비해 두 배 정도의 수익을 더 낼 수 있는 정도이다. 같은 자금을 갖고 10배 내지 20배의 수익을 더 낼 수 있는 방법을 물어 온 것이다. 어디 로또나 도박판에서나 가능할 것 같은 얘기인데 사실은 누구나 할 수 있는 방법이 있다. 물론 언제나 추천할 수 있는 방법은 아니고 상대적으로 주식가격이 많이 떨어져 있을 때 좋은데, 바로 콜옵션을 이용하는 것이다. 콜옵션이란 슈퍼마켓 등에서 배분하는 할인 쿠폰 같은 것인

데 쿠폰과 달리 무료로 배포되는 것이 아니라 돈을 주고 할인받을 권리를 사는 것이다. 물론 물건이 마음에 들지 않으면, 예를 들어 주식 가격이 너무 내렸다든가 하면 주식을 억지로 사지 않고 콜옵션을 버리면 된다. 이러한 콜옵션은 주식 가격에 비해 현저하게 낮아 보통 20분의 1 가격에 살 수 있는 경우도 흔하다.

그러므로 같은 예측으로 돈을 벌 때 주식투자보다 20배 이상의 수익이 가능한 것이다. 상황이 이런데 왜 로또를 사거나 경마장에 가야 하나. 콜옵션투자에서 주의할 것은 만기가 있다는 것인데, 주가 예측이 맞더라도 만기 후에 맞으면 아무 소용이 없다. 그러므로 조금 더 비싸더라도 만기가 좀 더 여유 있는 것을 사는 것도 현명한 투자방법이 될 것이다. 이외에도 옵션을 이용한 투자기법들이 여러 가지 있으나 다음 기회에 소개하도록 하겠다.

매리드-풋(Married Put) 투자 보험

이제는 대한민국이 여러 종목에서 좋은 성적을 거둔 베이징 올림픽의 열기도 식고 다시 일상의 경제활동으로 돌아왔는데, 들려오는 소식은 오일 가격이 내렸다는 반가운 소식도 있지만 미국 외의 유럽과 일본 경제도 어려워지고 있다는 우울한 소식이 더 많은 것 같다. 여기에 한인들과 밀접한 관계가 있고 많은 한인들이 투자한 중국 펀드는 연일 내려가 작년 가을에 비해 50% 가량 내려갔고, 규모는 작지만 베트남 펀드나 인도 펀드도 사정이 전혀 좋지 않다. 그나마 원자재 가격 상승으로 재미를 보던 러시아 펀드나 브라질 펀드도 다시 하락의 길을 걷고 있다.

물론 이러한 하락을 미리 예견하여 투자를 안 하는 것이 최선일 것이나 이는 버핏도 못하는 것을 보면 우리의 능력 밖인 것 같다. 하지만 비관할 필요는 전혀 없다. 완벽한 예측력을 갖지 않고도 버핏

은 세계 최고의 부자가 될 수 있었으니 말이다.

기관 투자자 등 큰손들은 포트폴리오 인슈어런스(투자 보험)라 하여 전부터 이러한 기법을 이용하고 있다. 안타깝게도 아직 이러한 상품들이 소액 투자자들에게는 많이 소개되지 않았고, 최근에서야 한국에서 몇 가지 종목이나 주가지수에 대하여 원금 보장형 ELS라는 형태로 소개되고 있는 정도다. 원리는 투자 종목이 내려가는 경우에도 투자한 원금은 돌려주고 올라가는 경우에는 수익의 일부를 보험 상품을 판 회사가 가져가고 나머지 수익을 투자자에게 돌려주는 형태이다. 투자를 했다가 실패를 해도 원금은 보장을 해 준다니 참으로 좋은 상품인 것 같으나, 다른 보험과 마찬가지로 가격이 중요한 요소이다. 아무리 원금을 보장하여 준다 하여도 수익이 발생했을 때 대부분을 보험회사가 가져가고 작은 부분만을 투자자에게 돌려준다면 별로 이득이 없다.

한 가지 좋은 소식은 소액 투자자들도 기관 투자자들처럼 스스로 투자 보험을 쉽게 만들어 사용할 수 있다는 것이다. 월 스트리트에서는 이러한 투자 기법을 매리드-풋(Married Put)이라 하여 결혼을 하면 위험을 회피한다 하여 이름 붙인 기법이다. 이것은 풋옵션을 이용한 것인데, 풋옵션도 콜옵션과 마찬가지로 의무는 없고 권리만 갖는 것으로 다만 콜옵션과 달리 주식을 살 수 있는 권리를 갖는 것이 아니라 주식을 팔 수 있는 권리를 갖는 것이 다를 뿐이다. 만약 주식 가격이 떨어지면 원래 가격으로 되팔 수 있는 권리다. 의무는 없으니, 주식 가격이 오르면 주식을 원래 가격에 팔 의무는 없으므로 오른 가격에 주식을 팔아 이익을 낼 수 있는 것이다. 한 가지 단

점이라면 다른 보험과 마찬가지로 풋옵션도 그냥 주어지는 것이 아니라 가격을 주고 사야 한다. 꼭 주식을 살 때 같이 사야 하는 것은 아니고, 나중에 사도 되고, 더 많은 보험이 필요하면 나중에 더 살 수도 있고, 보험이 필요없다고 판단되면 다시 풋옵션을 언제라도 되팔 수 있는 것이다. 만약 한국의 중국 펀드에 투자한 투자자들도 풋옵션을 미리 사두었다면 지금 편한 마음으로 올림픽 후의 중국 경제를 관망할 수 있을 것이고, 원화에 대한 풋옵션을 사둔 투자자는 요즈음의 원화가치 하락에도 마음 졸일 이유가 없어지는 것이다. 이제는 투자자들도 수익을 내는 것에서 수익을 지켜 주는 풋옵션에도 투자해야 할 것이다.

부동산투자 이제는 살 때? 팔 때?

연일 들려오는 서브프라임으로 인한 피해 중 부동산의 하락은 우리에게 실망과 기회를 주고 있다. 실망은 노력을 하지 않고 피하고 싶어도 찾아와 괴롭힌다. 기회는 누구에게나 오지만 준비된 투자자만이 즐길 수 있다. 기회가 부동산시장에 오고 있다는 소식이다. 부동산시장의 기회를 잡기 위해서는 많은 돈이 필요할테니 상관없다고 생각하는 데 그렇지 않다. 예금하는 정도의 작은 금액으로도 부동산의 기회를 잡을 수 있다.

3억 명이 넘는 미국 인구가 일년에 0.88%로 성장을 하니 매년 270만 명이 새로 집을 찾는 것이다. 일년에 80만 채 정도 공급되던 신규 주택이 2005년에는 130만 채 이상 지어졌으니 공급과잉이 되고 이것이 주택시장 하락의 한 원인이었다. 그러던 것이 60만 채 정도도 공급되지 않으니 조만간 공급 부족 현상이 나타나고 이것은 주택가격 상승의 한 축이 될 것이다. 여기에 모기지시장도 어느 정도 안정될 것이니 주택시장은 하락을 멈추고 반전의 기회를 가질 것이다.

그러면 어디에 투자를 해야 부동산 기회를 잡을 수 있을 것인가? 건축재료를 파는 홈디포, 로웨 등이 덕을 볼 것이고 좀 더 직접적으로 주택을 지어서 파는 톨브라더스, 디알 호튼, 케이비 홈, 엔브알, 센텍스, 레나르 등과 같은 주택건설회사들이 좀 더 빠르게 회복될 것이다. 또한 주택회사들을 조금씩 모아 살 수 있는 주택건설회사 ETF에 대한 투자는 위험을 분산하면서도 수익을 낼 수 있을 것이다. 심지어는 유럽이나 중국의 부동산시장에도 ETF를 통하여 투자할 수도 있다. 주택 건설 경기를 나타내는 또 다른 지표로 주택건설회사들의 주식시장 가격을 장부 가격으로 나눈 지수가 1 이하로 내려가면 시장 가격이 장부 가격보다 싸다 하여 경기의 하락기에 나타나는데 지금 그 지수가 2005년도의 2.6에서 1.0으로 내려와 있고 1990년도의 0.6을 제외하고는 보통 0.8까지 내려왔다가 회복되곤 하였다. 또한 주택건설회사 주식지수도 2005년도의 11,000포인트에서 2008년 초 3,000포인트 아래에 머물다가 지금은 4,000포인트를 오르락내리락하고 있는 것도 회복할 수 있다는 신호일 것이다. 물론 이러한 징후들이 회복을 예측한다 하여도 몇 년에 걸친 하락이 하루아침에 회복될 수는 없을 것이나, 지금이 기회를 잡을 준비를 하여야 할 시점인 것 같다.

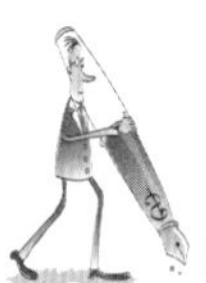

위기에 부동산도 달라졌나? 달라졌네!

연일 들려오는 금융위기, 실물경제로의 확대, 미국 주택시장의 침체 속에서도 간혹 들려오는 미국과의 외환스왑으로 안정을 찾은 외환시장, 미국 기존 주택판매량의 증가 등의 소식을 들으면 지금이 바닥인지, 일시적인 반등인지는 전문가들도 상황을 판단하기 힘들다. 하지만 우리 모두가 알고, 믿고 있는 것은 경제는 다시 회복될 것이고 이것은 50년 혹은 25년만에 오는 기회가 될 것이라는 점이다. 물론 오는 기회를 잡기 위해서는 투자금을 준비해야 하는 것은 물론이고, 이번 위기가 예전과 어떻게 다른가를 알고 준비를 해야 할 것이다.

예일대학교의 쉴러 교수가 지난 달 펴낸 서브프라임 해법이라는 책을 보면 주택 가격은 지난 100여 년 중 2000년대 초반까지도 주택 건축비용의 증감과 많은 관계를 보여 건설업자들이 매년 비슷한 이윤율을 보였는데 2000년대 초반부터 주택 가격의 상승은 건설비용 상승보다 몇 배나 빨라 많은 주택 건설업자들은 굉장히 많은 이윤을 올릴 수 있었고, 이것은 필연적으로 공급과잉을 불러와 가격이 내려갈 수밖에 없었을 것이다.

이번 주택시장이 예전과 다른 점은 주택 가격을 삼등분하여 저가 주택, 중가 주택과 고가 주택으로 나눠 가격지수를 산정한 1980년대 이후로 세 가격 지수는 사이 좋은 형제들 같이 똑같은 움직임을 보여 오를 때 같이 오르고 내릴 때도 같이 내렸는데, 2000년대 초반부터 이러한 움직임이 사이좋던 형제들이 분가해서 다른 살림을 살듯이 서로 다른 움직임을 보이고 있다. 주식시장에서도 대형주와 소형주의 움직임이 달라 때에 따라 대형주, 중형주 혹은 소형주로 갈아탐으로써 훨씬 더 많은 수익을 낼 수 있다. 주택지수도 나눠 보면 2000년대 초반부터 저가 주택이 먼저 가장 많은 인상률을 보여 중가 주택보다 50% 더 많이 오르고, 중가 주택은 고가 주택보다 40% 정도 더 오르더니, 서브프라임 모기지가 많은 저가 주택이 가장 먼저 가파르게 내려오고 있는 것이다. 그런데 미국 정부도 망설이던 것을 제이피모건 은행이 모기지의 구조조정으로 원금과 이자를 깎아 주는 프로그램을 일부 지역에서 실시하기로 해, 다른 은행들이나 투자가들도 동참하면—이것은 집 소유자들을 돕는 자선사업이 아니라, 은행이나 투자자들이 소유하고 있는 부실 모기지 자산의 가치 하락을 막고 이익 극대화가 될 수 있게 하는 프로그램이다.— 더 이상의 주택시장 침체는 막고 완만하지만 회복을 기대해 볼 수 있을 것이다. 하지만 이것이 아직 상업용 부동산에는 효과를 미치지 못할 것 같다.

주식시장 달라졌나? 정말 달라졌네!

미국, 한국, 중국 어디서나 들려오는 주식시장의 하락 소식은 이제는 어느 정도 익숙해진 것 같은데, 또한 주식시장의 폭등 소식도 종종 들려온다. 내로라하는 전문가들도 많은 돈을 잃고 있다는 소식이 매일 들려오고, 심지어는 세계 최고의 대학으로 최고의 기부금 자산을 운용하는 하버드대학 자산운용 팀도 금년도에 20조 원 이상의 돈을 잃어 학교 운용예산을 30% 이상 줄여야 한다는 소식이다.

최근의 주식시장을 보면 우리에게 친숙한 S&P 500 미국 주가지수가 만들어진 1950년대 이후로 50년 동안 하루에 주가지수가 5% 이상 오르거나 내린 경우는 1987년 미국의 블랙먼데이, 한국을 포함한 IMF 사태, 러시아의 국가부도, 기술주의 폭등 기간 등 약 13,000일 동안 27번 있었다. 그리고 2000년 이후 이번 금융위기가 시작되기 전인 2007년 초까지 약 1,800일 동안 7번이 더 있었으니, 60년 가까운 동안 34번 있었던 것이, 2008년 이후에 일 년이 채 안되는 기간 동안 42번이 있었고, 2008년 10월 이후에만 벌써 22번 있었다.

이러한 심한 변동장에서 자산을 지키고, 증식시키려면 전통적인 방식으로는 안 될 것이고, 달라진 변동성을 알아야 하겠다. 미국 주식의 변동성은 1990년대에 소개된 일종의 공포지수인 VIX지수로 측정되는데 90년대 이후 가장 낮았던 때에는 이 지수가 10 이하였고 평상시 15 전후로 움직였는데, 지난 아시아의 IMF 위기, 러시아 국가부도 사태, 뉴욕의 9·11 사태 기간에도 한 번도 50을 넘지 않았던 지수가 2008년 9월의 리먼사태 이후에는 90을 넘보는 처지가 되었다. 전에는 한 번도 경험하지 못했을 뿐 아니라 지난 고점보다도 많은 차이를 보이고 있다.

그러면 이 지수를 어떻게 이용을 할 것인가인데, 역사적으로 보면 VIX지수와 S&P 500 주가지수는 반대로 움직이는 경향이 있어 왔다. VIX지수가 내려가면 주식시장이 올라가니 주식을 사야 하고, VIX지수가 올라갈 때는 주식시장이 내려가니 주식을 팔아야 할 것이다. 얼마 전 아는 선배를 만났더니 이 지수를 이용하여 단기 투자를 했는데, 많은 전문가들도 손실을 보고 있는 금년도에도 20% 이상 수익을 올리고 있다 하니 전통적인 방법 외의 또 다른 하나의 지표로 고려해 볼 만할 것이다.

좀 더 적극적인 투자자라면 요즈음 인기를 얻고 있는 VIX지수 옵션이나 VIX지수 선물에도 관심을 가져볼 만하다. VIX지수를 이용하여 헤징을 하려 한다면 VIX지수의 콜옵션을 사고 주가지수가 많이 내려가면 VIX지수가 올라가 소유한 VIX지수 콜옵션 가격이 올라 이

익을 낼 것이니 보유 중인 포트폴리오의 손실을 만회시켜 줄 것이고, 다행히도 주식 가격이 계속 올라간다면 VIX지수 콜옵션은 무용지물이 되더라도 콜옵션을 사는 데 든 자금 이상으로는 잃지 않으니 포트폴리오 증가분의 대부분을 지킬 수 있을 것이다.

한국 주식시장이 더 좋아!

미국에서 실업 보험을 받고 있는 실업자만 500만 명 가까이 된다는 발표를 보니 총실업자는 750만 명쯤 될 것이다. 연일 미국 은행원들에게 지급된 200억 달러의 보너스가 구설수에 오르고, 오바마 대통령과 미국민들은 그 돈이 국민의 세금에서 도와준 구제금융 중에서 나오지 않았나 하는 의심을 하는 것 같다. 쿠오모 뉴욕주 검찰총장이 조사를 한다 하니 조만간 결과가 나오겠지만 은행들은 자체 수익 중에서 보너스를 준다고 한다.

작년 세계 제일의 부자이면서 투자의 귀재인 워렌 버핏도 자산의 3분의 1 이상을 잃었고 많은 투자자들이 40~50%를 잃었다는데, 어떻게 은행들은 투자정보를 독점하여 많은 수익을 올린 것일까? 정답은 그들도 엄청난 손실을 보았다. 그렇다면 … 어떻게 … 그렇다. 그들이 많은 손실을 본 것은 주식투자이고, 대부분의 투자자에게 생소

한 파생상품투자에서 막대한 이익을 낸 것이다. 한국에서도 2008년 한 해에 20조 원에 달하는 파생상품수지 적자(순손실, 파생상품은 제로-섬으로 한쪽이 잃는 만큼 상대편에서 같은 금액을 따게 구성되어 있다.)를 냈다 하니 같은 금액이 외국 은행들의 수익이 된 것이다.

또한 미국 내에서도 파생상품거래에서 첫째인 제이피모건이 2008년 가을 현재 88조 달러(참고로 2008년도 전 세계 총생산량이 78조 달러, 전 세계 주식 가치가 45조 달러로 추정), 둘째인 뱅크오브아메리카가 39조 달러어치를 보유하고 있다 하니 그 규모를 상상하기 어려울 정도이다. 그중에서도 골드만삭스와 모건스탠리 등의 유수 은행들은 총수익의 40% 이상을 파생상품투자에서 벌어들이고 있다.

이제는 한국도 곧 자본통합법이 시행되는 등 금융시장의 자유화가 국제적 수준이 되어 개인 투자자들에게도 많은 기회가 올 것이다. 이미 내려간 주식은 조만간 회복될 것 같지는 않고, 많은 기대를 받고 시작된 오바마 정권도 아직은 좋은 방안을 찾지 못했기 때문에 회복이 시작돼도 완만한 회복을 보일 것이라고 한다. 클린턴 정부 당시 재무부 장관을 역임하고 지금은 오바마 정부의 백악관 경제수석이자 차기 중앙은행 총재로 거론되고 있는 섬머스도 지난번 이명박 대통령과의 대화에서 현재의 경제상황이 더 어려워질 것이고, 회복이 되도 속도가 완만할 것이라고 했다 한다.

이제는 서브프라임 모기지 문제는 어느 정도 드러나서 해결책을 찾고 있는 단계이나, 2009년부터 2011년까지 몰려 있는 선택적 변동 모기지(초기에는 아주 낮은 이자율을 내지만 몇 년 후부터는 상대적으로 높은 이자율을 내는 모기지)들의 이자율 조정시기가 몰려 있어 정부에서 더욱더 과감하게 모기지 이자율을 낮추지 않는 한 서브프라임 사태에 준하는 일이 일어날 수 있기 때문에 부동산 가격도 아직은 오를 기미를 보이지 않고 있다.

그러므로 파생상품에 대한 투자를 늘리고, 상대적으로 좋은 한국 시장(주식이나 파생상품)에 더 많은 관심을 가져야 할 것이다. 이제는 미국 영주권자나 시민권자도 한국에서의 투자에 아무런 제약이 없고, 미국과 달리 투자에서 얻은 수익에 대하여 세금을 내지 않아도 된다. 이미 한국의 펀드에 투자를 했다 유쾌하지 않은 경험을 하신 분들도 있지만, 이제는 한국도 미국에서 많이 보편화된 ETF라는 투자로 펀드에 내는 수수료나 매매시점의 불편함을 없앨 수 있고, 한국에서의 거래 시 수수료보다 부담이 큰 거래세를 면제받을 수 있다.

한국은 아직도 기회가 더 많은 것이 사실인데, 몇 주 전 한국에 있는 지인이 옛 현대전자인 컴퓨터 칩을 생산하는 하이닉스가 당시 시세인 8,000원보다 훨씬 싼 5,400원에 신주 공모를 한다는 소식을 듣고, 몇몇 사람들에게 추천을 하여, 2주 만인 상장 첫 날에 이미 70% 가까운 수익을 냈다 한다. 물론 신주를 사고 며칠간은 팔 수가 없어 2주 정도를 기다려야 했고, 그 사이에 파산과 같은 나쁜 소식이 있었다면 손해를 볼 수도 있었지만, 그것도 대주를 이용한 숏세일이나 파생상품을 이용하면 수익을 보장할 수 있었다고 한다. 결과적으로는 수익이 같았지만 파생상품을 이용하면 수익을 확정적으로 할 수 있다. 한국 주식시장이 심하게 등락할 때 뉴스에 많이 나오는 외국인들의 프로그램 트레이딩도 많은 경우 파생상품을 이용하여 수익을 확정적으로 할 때 일어나는 것이다.

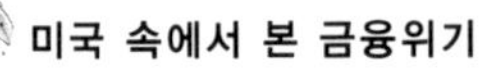

부동산은 역시 뉴욕!

새로운 곰 한 마리가 태어났단다. 귀여운 판다 곰이거나 정겨운 테디 베어였으면 좋았으련만 오바마 베어란다. 미국 주식시장이 오바마 대통령이 취임한 1월 이후로 벌써 20%나 내렸다는 말이다. 그렇다면 이제는 위기의 바닥이 가까워진 것일까? 아직은 아무도 그렇게 보는 것 같지는 않다. 그렇다면 지금은 무엇에 투자를 하여야 할까?

얼마 전 미국 금융계에 있는 분들하고 자리를 같이할 기회가 있었다. 당연히 화제는 현재의 금융위기였다. 미국 전역이 부동산 경기의 침체로 허덕이고 있고, 미국의 주택을 전부 다 사는 데 2008년 말 현재로 19조 달러가 드는데, 1년 전보다는 대한민국의 3년치 국내총생산에 해당하는 2.4조 달러가 줄어든 금액이다.

작년 말 현재로, 최근 한인들이 많이 투자한 라스베가스가 있는 네바다에는 반 이상의 집들이 깡통주택이고, 미시간, 애리조나에도 3분의 1 이상이 깡통주택이라 한다. 아마도 이곳의 주택은행들은 더 많은 어려움을 겪을 것이니 더 주의를 해야 할 것 같다. 그러나 동부의 뉴저지와 코네티컷은 그중 상대적으로 가장 건실하다는데 특히 뉴욕은 작년 말 현재로 깡통주택의 비율이 전국에서 가장 낮아 5%도 안 된다 하니 네바다의 10의 1도 안 되는 것이다.

그런데 이제는 뉴욕에도 부동산 경기 침체가 오는 것일까? 어떤 사람은 작년 하반기부터 집을 사기 위하여 뉴욕, 뉴저지 여러 곳을 보고 있는데, 경기 침체 속에 주인이 요구하는 금액보다 10% 정도 낮춰 오퍼를 했더니, 카운터 오퍼는커녕 연락조차 오지 않아 아직 집을 못 구하고 있다고 하였다. 그러나 얼마 전부터는 집주인들이 확연히 달라진 반응을 보여, 낮은 가격 오퍼에도 반응을 보이고 연락을 해 오기 시작했다 한다. 미국 부동산시장의 마지막 보루로 여겨졌던 뉴욕에도 부동산 가격의 하락이 왔다.

또한 오바마 정부가 내놓은 정책이 싼 가격의 집을 사서 가격을 올려 줄 수는 없을 것이지만, 금융기관 등이 보유한 모기지 연계 채권을 사줄 것이라 하니, 발 빠른 미국 투자기관들은 모기지 관련 채권을 사기 시작하는 것 같다. 이것은 좋은 모기지, 즉 채권 회수율이 높은 모기지를 사야 하니, 경험이 있는 분들을 모아 사업을 시작한다 한다. 일반 투자자들은 금융기관들로부터 대량의 모기지 채권을 좋은 가격에 사기는 어려울 것이므로, 이런 것을 주로 하는 회사나 펀드에 투자하면, 이번 경제 위기로 인한 손해를 비교적 빨리 회복할 수 있는 방법이 아닐까 한다.

지금 주식시장에는 ETF라는 주식형 펀드가 크게 유행을 하고 있다. 뮤추얼펀드에 비해 훨씬 저렴한 수수료와 매매의 편리성 때문에 많은 투자자들이 이용을 하고, 이 중에서 주택시장에 투자를 하는 ETF들도 여러 가지가 있다. 물론 가격도 많이 내려와 있다. 오바마 정부가 우선적으로 주택시장 회생에 노력을 할 것이니, 이러한 ETF를 적절한 시점에 사는 것도 좋은 투자가 될 것이다.

경기, 고용, 부동산의 달리기 시합

토끼와 거북이 중 누가 더 빠른가 하는 이야기를 하고자 하는 것이 아니다.

현재의 주식시장 회복이 새로운 황소(주식 상승 상징)의 탄생인지 아니면 곰(주식 하락 상징)이 동면 중에 하는 하품인지는 의견들이 엇갈리고 있다. 그동안 부동산 구입을 미루고 있던 투자자들은 지난 몇 주간의 주식시장의 상승에 편승을 하지 못해 안타까워하고 있던 차에 부동산 기회마저도 놓치는 것이 아닌가 초조해 할 수도 있다.

하지만 경제에는 선행지표도 있고 후행지표도 있으니 이것을 잘못 해석하다가는 속칭 상투를 잡거나 너무 빨리 시장에 들어가게 된다. 일반적으로 주식시장은 경기의 선행지표로 국내총생산으로 나타내는 경기의 선행지수이다. 일반적으로 경기가 회복되기 6개월 내지 9개월 전에 미리 상승해 왔다. 그렇다면 부동산시장은 어떨까? 고용

시장은 어떤가? 그중 누가 제일 빠를까?

외부 경제환경이 나빠지면 기업은 일단 조업 단축 등을 통해 생산을 줄이게 될 것이다. 언제 경기가 회복될지도 불투명한 상태니 고용을 줄이기보다는 생산을 줄이면서 버티다가, 경제가 더 나빠지면 고용을 줄여 실업률이 올라가게 된다. 그중에도 정규직보다는 임시직을 먼저 줄이게 되는데 최근의 통계는 아직도 임시직을 줄이고 있다. 그렇다면 주택시장은 경기와 함께 회복이 될까? 주택시장은 고용시장과 많은 연관이 있어 실업률이 회복되어야 회복될 수 있다. 앞서 본 대로 고용시장은 후행지표이니 경기가 회복되어도 기업들은 일단 새로운 고용을 하기보다는 조업시간 연장 등을 하므로, 고용시장은 얼마 뒤에나 회복될 것이다.

주택시장은 현재 시장에 매물로 나와 있는 재고가 평상시의 6개월치에 비해 많은 10개월치나 된다는 부정적 소식이나 10개월치의 재고가 더 늘어나지 않고 있다는 고무적인 소식도 있다. 또한 현재의 모기지 이자율은 사상 최저치인 4%대로 내려와 있고, 모기지 이자율과 가장 밀접하게 연관돼 있는(30년 모기지가 많으나 대부분 10년 내에 이사를 하거나 재융자하기 때문에) 10년 만기 미국 국채를 정부에서 대량으로 매입을 하여 가격을 높임으로써 10년 이자율을 낮추고 있어 당분간은 모기지 이자율도 올라가지는 않을 것이므로 주택 구입에 시간을 가져도 될 것이다.

거기에 설사 경기가 회복되기 시작한다 하여도 이번 경기 침체의 속도와 강도에 놀란 소비자들이 예전같이 소비를 하기보다는 저축을 늘리고 있다 하니 가파른 회복보다는 완만한 회복이 될 것이고, 고용시장은 후행지표이니 당분간은 더욱 나빠질 것이다. 이에 주택가격 하락과 실업률 증가는 차압당하는 주택을 늘리게 되므로 당분간은 주택 공급이 수요 증가를 앞설 것이다.

그렇다고 주택 구입을 마냥 늦추라는 것은 아니다. 주택은 다른 상품과 달리 모두 고유한 특징을 갖고 있으니 마음에 드는 것이 있다면 매입을 시도해 봐야 할 것이다. 경기가 나쁘다고 마냥 기다려서도 안 되고, 주식시장이 회복된다고 주택 구입을 서두르기보다는 지금 상황은 오바마 정부도 강한 의지로 모기지 이자율을 최저로 유지하고자 하니 여유를 갖고 마음에 드는 주택이 있다면 값을 많이 깎아서 오퍼해 보는 것도 좋을 것이다.

크라이슬러 자동차 사야 하나?

필자가 타는 크라이슬러의 닷지 듀랑고가 20만 마일을 얼마 전에 넘기고도 매일 집과 학교를 무사히 오간다. 며칠 전에는 혹시나 해서 펩보이라는 정비소에 가서 보였더니 아직 문제없다고 해서 고마워하며 돌아왔다. 그런데 이 회사가 파산보호신청을 했고 또한 그것을 회사 사장이 아닌 오바마 대통령이 발표를 하는 일이 벌어졌다.

미국의 자동차 산업이 왜 이렇게 되었는가는 근로자들의 은퇴 후 후생복지 비용 때문이라고 한다. 상당히 일리 있는 분석이다. 그렇다면 잘나가는 도요타도 미국에 공장이 있고 베스트 셀러인 캠리도 모두 미국 내에서 생산하는데, 도요타 직원들의 임금이나 후생복지가 미국 회사들보다 적은 것인가? 그렇다면 좋은 직원들은 모두 미국 회사로 가고, 일류가 아닌 직원만 남을 테니까. 아니다. 도요타는 미국에 공장을 세운 지 얼마 되지 않아 아직 은퇴 후 후생복지를 받는 직원들이 많지 않기 때문이다.

그렇다면 도요타나 혼다 자동차가 미국 자동차보다 기계적으로 더 좋을까? 이 질문에 십여 년 전이라면 긍정을 할 수도 있다. 하지만 지난 십여 년간 미국 자동차 회사들도 많은 발전을 하여 이제는 제품의 질적 차이는 없는 것 같다. 필자의 자동차가 하나의 증거가 될 수 있을 것이다.

여기에 또 하나의 큰 문제점은 판매망, 즉 자동차 딜러들의 문제다. 딜러 수를 보면 GM은 6,246개가 있고 도요타는 단지 1,200개의 딜러를 갖고도 비슷한 숫자의 자동차를 팔고 있으니 네 배 정도로 효율적인 딜러망을 갖고 있는 셈이다. 현재의 시장에서는 GM은 딜러당 한 달 평균 25대 정도를 팔고, 도요타는 100대 이상을 판다는 것이다. 포드는 3,800개, 크라이슬러는 3,200개의 딜러를 갖고 있으니 GM의 딜러보다 별로 더 나은 점이 없다. 이러한 비효율적인 딜러망도 미국 정부가 크라이슬러를 파산시킨 이유 중의 하나일 것이다.

얼마 전 미국인들의 구매가 신용카드 위주에서 현금 위주로 바뀌었다는 보고서가 나왔다. 10년 전 4,000억 달러의 신용카드 사용에 단지 1,000억 달러만 현금을 사용했는데 작년에는 신용카드나 현금이나 같은 8,000억 달러를 사용했고 현금 사용액이 더 빠르게 증가하고 있다. 이제는 미국 소비자들도 신용제공이 아니라 소득 증가를 가져와야 더 많은 소비를 할 것 같다. 그렇다면 더 이상의 실업률이 늘지 않는 등 고용시장의 안정이 와야 다시 옛날의 경제로 갈 수 있을 것 같은데, 아직도 기업들이 감원을 하거나 계획 중이라 하니 자연의 봄은 벌써 우리를 부르는데 경제의 봄은 조금 더 기다려야 할 것 같다.

경기 회복, 집값부터 먼저 와야 온다

연일 오르는 주식시장을 보고 언론과 전문가들은 이제는 경제가 회복되기 시작했다고 말하고 있다. 그러나 주식시장은 경기를 회복시켜 주는 원동력이 아니라, 경기 회복의 부산물로 봐야 한다. 다른 경제 지표로 인한 논리적 연결보다는 희망사항을 논하고 있는 것으로 보인다. 필자도 한 시민으로서 경기회복이 어찌 반갑지 않겠는가? 하지만 1930년대 대공황 때도 주가가 50%가량 오른 것을 경기 회복으로 해석하여 필요한 구조조정을 하지 않은 바람에 경제는 장기 침체에 빠져 회복에 오랜 시간이 걸렸다. 이번 경기 침체가 소비 침체로 인한 것이라는 점은 모두가 아는 바이고, 주식시장의 회복은 소비심리를 되살려 경기 회복을 가져올 것이라는 것이 그들의 주장이다. 물론 주식 가치의 상승은 소비자들의 소비심리를 증가시키지만 다른 나라들의 경우를 봐도, 소비심리에 더 많은 영향을 미치는 것은 부동산 그중에서도 집값이다. 통계에 의하면 집값의 하락은 주식시장 하락보다도 거의 열 배의 소비심리 위축을 가져왔다. 아마도 주식의 하락은 조만간 회복될 수 있다고 기대하나, 주택 가격 하락은 상당 기간 회복되기 어렵다고 느끼기 때문이 아닌가 한다. 그러니 주택 가격 회복이 경제에 제일 중요한 변수이고, 그래서 오바마 정부도 모기지 이자율 하락에 온 힘을 쏟고, 모기지 모디피케이션이라든지 새로 주택을 구입하는 사람에게 한시적으로 많은 세금 혜택을 주는 등의 정책들을 쏟아내고 있다.

또한 2006년도에 마이너스를 기록했던 미국 국민 저축률도 지금은 가파른 상승을 보여 벌써 1990년대 중반 수준인 플러스 4%를 기록하면서 계속 상승하고 있다. 이 또한 소비를 위협하고 있는데, 많은 미국인들이 이미 소비의 달콤한 맛을 경험한지라 돈이 있다면 소비심리는 살아날 것이다. 그렇다면 많은 현금들이 이번 경제 위기로 사라진 것인가? 아니다.

은행은 예금이 들어와야 그 돈으로 주택 대출 등을 할 수 있으니, 예금의 창조는 경제의 중요한 변수이다. 그런데 미국의 모기지 잔고는 예금 잔고인 7조 달러가 아니라 14조 달러에 이른다. 어떤 은행도 화폐를 발행할 수가 없는데, 어떻게 은행들은 7조 달러를 갖고 14조 달러어치의 모기지를 줄 수 있었을까? 매년 1조 달러 이상씩 늘어나던 모기지 잔고는 2007년 초 14조 달러대에서 이 년여가 지난 지금까지도 14조 달러대로 늘어나고 있지 않으니 부동산시장의 고통을 짐작할 수 있다. 그동안 매년 1조 달러 이상씩 모기지 증권을 사 주던 투자자들이 집값 하락으로 모기지의 신용도가 떨어져 증권

을 사지 않게 되자, 지금은 새로운 모기지 담보부 증권 발행이 거의 없는 실정이다. 그래서 은행들은 만기가 돌아오는 모기지 자금만으로 신규 모기지를 줄 수밖에 없으니 신규 모기지 얻기가 힘든 것이다. 그러므로 경기 회복이 되려면 이러한 증권의 발행이 늘어나야 할 것이고, 이것은 그동안 많은 담보부 증권을 사 주던 중국, 일본, 싱가포르, 타이완, 한국 투자자 등에도 상당 부분 달려 있으니 국제 경제흐름을 봐야 미국 경제 회복을 예측할 수 있을 것이다.

바닥이 오는 소리, 맨해튼에서 들리나

필자는 학교에서 종신교수로 있다 보니 경기에 비교적 둔감할 수도 있으나, 가르치는 학생들이 하루가 다르게 들리는 비관론과 낙관론에 힘들어 할 때는 정말로 안타깝다. 우리 모두가 기다리는 경기의 바닥은 언제 오는 것인가? 경제가 바닥을 치고 다시 오르려면 모든 가격이 버블이 없는 상태로 내려오고 모든 사람이 이것을 받아들여야 거기서부터 모든 거래가 활성화되면서 새로운 도약이 시작될 것이다. 그런데 아직도 현실의 가격 하락을 받아들이지 못함으로써 거래가 위축돼 있는 상태인 것이다.

한국은 현재 경제의 45%까지 수출에 의존하므로 당분간은 환율을 낮추고 수출을 늘려 경제 생산을 늘릴 수 있다. 중국도 마찬가지로 한국과 같은 수출 의존 국가라 환율을 국제사회, 특히 미국의 압력에도 중국 위안화의 가치를 인위적으로 낮춰 경제를 이끌고 회복해

나가려 하고 있다. 그러나 미국은 국내총생산의 수출 의존도가 10%도 되지 않고 국내 소비 의존도가 70%나 되니, 소비의 회복만이 경제를 다시 살릴 수 있는데 최근의 데이터들은 소득은 느는데 소비가 느는 것이 아니라 저축이 상당히 많이 늘어 정부를 당혹하게 하고 있다. 2000년대 들어 심지어 마이너스 저축률을 보이던 미국 소비자들이 지금은 8% 가까이 저축을 하여 미국 정부가 정부의 저축률(채권을 발행하여 나중에 인플레이션 위험이 있는데도)을 마이너스 8%로 하여 소비 부족분을 보충하고 있다.

미국에서 소비심리에 미치는 영향은 주식시장보다는 주택시장에 미치는 영향이 몇 배나 더 크다고 하니 주택시장을 살리는 것이 경제회복의 가장 중요한 요소이다. 그래서 정부도 모기지가 현재 집값을 초과해 105%가 되더라도 재융자를 해 주도록 했으나 정부가 예상한 400~500만 명이 아니라 현재 몇 만 명 밖에 혜택을 못받자 며칠 전 한도를 125%까지 올려 집값이 많이 하락했더라도 재융자를 받도록 하고 있다.

여기에 며칠 전 뉴스에 드디어 맨해튼의 집값이 2002년 이래 처음으로 하락하기 시작했다고 나왔는데 리먼과 베어스턴스 등 맨해튼 대형금융사들의 몰락의 여파가 오는 것으로 보인다. 맨해튼 주택 가격의 하락은 모든 사이즈와 모든 가격대에서 나타나 스튜디오의 중간가격이 40만 달러대, 1베드룸이 65만 달러로, 일 년 전까지도 맨해튼 주택 거래의 40% 정도만이 1백만 달러 이하였으나 지금은 60% 넘게 1백만 달러 이하로 거래되고 있다.

이러한 현상은 소비자들이 버블을 인식하고 받아들일 때 나타나는 것으로 볼 수 있다. 또한 며칠 전 부동산 협회에서 나온 데이터를 보면 뉴욕을 포함한 북동부 지역과 캘리포니아 지역은 부동산 거래지수가 조금 오른 것으로 나타났다. 다만 중서부와 애틀랜타 등의 남부 지역은 아직도 부동산 거래지수가 하락하고 있다. 문제는 가격의 하락으로 거래욕구는 살아났지만, 대형(점보) 모기지가 2007년도의 3,500억 달러에서 2008년도에는 980억 달러로 줄었고 2009년도에는 500억 달러도 힘들 것 같다고 하니 대형주택은 아직도 가격 상승이나 거래의 활성화를 조금 더 기다려야 할 것 같다.

경기 회복 어디서, 어떻게 오나?

연일 들려오는 경제 소식은 경기 회복에 대한 기대감을 느끼기에 충분할 만큼 8월 제조업 지수가 50이 넘고 잠정 주택매매지수는 상승하는 등 좋은 소식들이 들려온다.

그러나 이러한 소식들이 진정한 경기 회복의 징후인지 아니면 다시 한번 침체로 가는 더블딥의 전조인지는 의견이 엇갈리고 있다. 한 가지 분명한 것은 현재까지의 회복이 민간경제 자체의 힘으로 이루어진 것이 아니라, 한국 정부를 비롯하여 중국, 미국 등 전 세계 정부의 인위적인 통화 공급으로 이루어진 것이다. 그럼에도 불구하고 정부의 경기 회복 정책의 혜택이 모든 국민, 모든 분야에 골고루 돌아가지는 않을 것이다.

실제로 미국의 경우에 지난 3월의 최저점으로부터 소매 판매업지수가 40% 이상 올랐지만 소매업의 황제라는 월마트의 경우 단지 5%

정도 밖에 오르지 않았다. 현재의 회복은 새로운 자동차 판매에 주는 3,500~4,500달러의 혜택에 의한 자동차 판매와 관련된 소매업 분야와 한시적으로 금년 11월 말까지 처음으로 집을 구매하는 경우 주는 8,000달러에 의해 주로 중저가의 주택에 혜택이 주어진 것이다.

고용 부문에서도 실업률이 9.4%로 지난 달보다 향상됐다고 하나, 수년 전 부시 대통령 시절의 3.9%에는 한참 못 미친다.

물론 지금이 진정한 경기 회복의 시작인지 더블딥으로 가기 전의 일시적인 회복인지는 아무도 모를 것이다. 하지만 어느 정도의 회복은 분명하다. 하지만 그 회복이 모든 분야로 오고 있지 않으니 어느 분야가 먼저 회복될 것이고 어떤 분야의 회복이 더 강하게 올 것인지를 생각하여 투자를 해야 할 것이다.

현재까지는 회복이 정부의 혜택을 받는 분야에 한정돼 있으니 당분간 정부정책의 변화에 따라 투자를 해야 할 것 같다.

은행과 보험회사에 대한 혜택, 자동차 산업에 대한 혜택, 신규 주택에 대한 혜택 등이 모두 그러한 경우일 것이다.

한국에서는 대통령이 강조한 자전거 도로의 확대로 일부 중소형 토목공사 위주의 건설회사들이 많은 혜택을 받아 즐거운 비명을 지르면서 표정관리를 하고 있다는 소식도 들린다.

검은 금요일, 사이버 월요일, 슈퍼 토요일

무슨 흉흉한 날들의 모임 같은 것이 아니다. 현재의 경제 위기를 해결해 줄 수 있는 날들의 모임이다. 무슨 이야기일까? 미국 경제를 살리려면 아직도 중국의 세 배가 넘는 약 15조 달러에 달하는 미국 국내총생산을 늘려야 한다. 한국이나 중국은 40% 가까운 생산이 수출되니 수출에 총력을 기울일 수밖에 없고, 미국은 수출 비중이 10%도 안 되고 70%의 생산품이 소비자들에 의해 사용되고 있으니 모든 총력을 소비를 늘리는 데 쏟고 있는 것이다. 오바마 정부는 헌 차를 새 자동차로 바꾸면 4,500달러를 보조했고, 처음 집을 사는 사람에게 11월 말까지 8,000달러의 보조를 하고 있다. 문제는 정부 보조가 끝나도 계속 소비를 할 것인가인데, 자동차에 대한 보조가 끝난 지난 9월의 자동차 매출이 8월보다 현저히 줄어들었고, 맥도날드나 서브웨이 같은 패스트푸드 식당이 아닌, 미국 식당들의 매출이 몇 년째 줄어들고 있다.

여기에 회복기미를 보였던 실업자 수가 1,500만 명을 넘겼고, 실업률 또한 다시 올라 내년에는 10%를 넘을 것이라 한다. 거기에 구직을 아예 포기해 실업률 통계에 잡히지 않던 사람들이 경기가 회복돼 다시 취업시장에 나오면 실업률 회복은 생각보다 더딜 수밖에 없어 보인다.

미국 부자들의 소득은 3분의 1만 정규 근로소득이고 나머지 3분의 1은 자산의 증가, 나머지는 비정규 소득이라 하는데, 증권시장이 지난 3월보다 50% 가까이 올라 미국 가계 총재산이 지난 분기보다 2조 달러 이상 늘어난 53조 달러를 넘겼다니 다행이라고 하겠다. 그런데 소비자들은 수시로 등락하는 금융자산의 증가보다는 한 번 오르면 꾸준히 가치를 보존하는 부동산 가치의 상승이 5배 이상의 소비 증가 효과가 있다 한다. 그래서 미국 정부도 부동산시장의 안정에 더 많은 정책을 쏟을 것이다.

지금은 정부 발표와 현실로 느끼는 체감경기와의 큰 차이에 많은 사람들이 의아해하고 답답해한다. 그러니 미국 소비의 지표가 되고 분수령이 될 날들에 기대를 해 본다. 소매업종들이 흑자로 돌아선다고 해서 붙여진 추수감사절 다음 날인 블랙 금요일, 추수감사절 휴가를 지내고 돌아와 인터넷을 통한 쇼핑을 많이 한다고 해서 붙여진 추수감사절 바로 다음 월요일인 사이버 월요일, 그리고 크리스마스 직전의 마지막 토요일, 일일 쇼핑 금액으로는 최고라 하여 붙여진 슈퍼 토요일에 많은 기대를 해 본다.

추수감사절 연휴에는 350억 달러가 넘고, 사이버 월요일 하루에

인터넷 쇼핑이 10억 달러에 이르고, 슈퍼 토요일의 경우에는 하루 쇼핑 금액이 90억 달러가 넘는다니 기대를 해 볼 만하다. 추수감사절 기간 동안에 작년에도 1인당 370달러 이상씩을 쇼핑했다 하니 금년의 추수감사절 기간의 쇼핑 금액을 보면 그 후의 소비규모를 짐작할 수 있을 것이다. 또한 지난 주 포브스가 인용한 정부 통계를 보니 가구당 소득이 가장 높은 곳이 필자가 근무하고 있지만 일반인에게는 조금은 생소한 코네티컷주 브리지포트시 지역(스탬포드와 노워크를 포함)이고, 수도 워싱턴과 캘리포니아 산호세 지역이라 하니, 뉴욕에서 가까운 코네티컷 지역으로의 비즈니스 확대도 비즈니스 확장에 도움이 될 것이다.

스포츠 경제학, 양키스 경제학

지난 주에는 뉴욕 양키스가 월드시리즈에 올라갔고, 상대팀 필라델피아에는 한인 선수 박찬호가 있어 어느 팀이 이겨도 좋으니 편안하게 경기를 관람할 수 있어 뉴요커들 특히 뉴욕 한인들에게는 즐거운 한 주였다. 결과는 양키스의 승리였다. 올해는 특히 양키스가 새로 스타디움을 개장한 해여서 더욱 의미가 있겠다. 양키스는 1923년 새 스타디움을 개장한 해에도 양키스 처음으로 월드시리즈 우승을 했다. 그러면 새로운 경기장과 우승이 관련이 있을까?

우리가 살아가는 데에는 과학적으로 설명할 수 없으나 반복적으로 일어나는 것들이 있다. 특히 벌써 27번째 우승으로 어떤 프로 스포츠팀보다 우승을 많이 한 양키스에게는 많은 징크스가 있다 한다. 그러면 요즈음 최고의 관심사인 경제와는 어떤 관련이 있을까? 1921년 이래 양키스는 금년을 포함해 40번 월드시리즈에 진출해

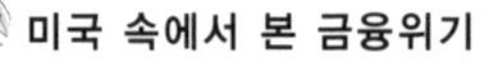

2009년에 27번째 우승을 했으니 결승전 우승확률이 3분의 2가 넘는다. 그런데 양키스가 우승을 놓치면 그 다음 해의 주식시장은 양키스가 우승을 했을 때보다 23% 더 상승을 하였다니 묘한 아쉬움이 든다. 가장 최근에 양키스가 우승을 한 2000년의 우승 당시에 11,000포인트가 넘었던 다우지수는 다음 해인 2001년도에는 10,000선 아래로 내려갔다. 하지만 금년도에는 미국 경제를 위해 양키스는 꼭 우승을 해야 했다. 왜냐하면 만약 필라델피아가 우승을 했다면 1929년의 대공황의 악몽이 되살아날 수 있었으니 말이다. 필라델피아가 연속 월드시리즈 우승을 한 것이 대공황 시작 때였고, 금년도에 만약 필라델피아가 우승을 했으면 작년에 이어 2년 연속 우승이 되니, 박찬호 선수와 필라델피아 주민들에게는 조금 미안하지만 미국 경제를 위해 양보했다고 생각하면 그들에게도 조금은 위안이 될 것이다.

스포츠와 주식시장의 관계에 얽힌 또 다른 징크스로는 스타디움에 회사 이름을 명명한 회사는 경영진의 지나친 과시욕 때문인지 아니면 지나치게 많은 돈을 지출해서인지 주가가 현저하게 내려가는 현상을 겪어 왔다. 뉴욕 메츠팀이 최근에 새로 지어 시티필드로 명명한 시티뱅크도 주식 가격의 현저한 하락을 겪었고, 몇 년 전 부정회계 스캔들로 몰락한 에너지업계의 왕자 엔론도 휴스턴 구장을 엔론필드로 명명한 뒤 몰락했다. 또한 보스턴의 유명한 미식축구팀인 패트리어트팀의 구장을 CMGI필드로 명명한 뒤 그 회사도 몰락의 길을 걸었다.

아마도 외부에 화려하게 보이고 싶은 회사 경영진들의 해이해진 경영 정신이 회사의 효율성을 등한시한 의사 결정으로 이어진 것이 아닌가 한다. 그런 점에서 요사이 경제지표들 중 장기적으로 좋은 점들이 나오고 있다. 체감경기는 실업률이 해결돼 소비가 늘고 주택 가격이 해결돼야 느낄 수 있을 것이다. 불황으로 모두가 어려움을 겪지만 이번 불황을 교훈으로 효율성이 높아졌다니 장기적으로는 미국 경제에 이번 불황이 좋은 교훈을 주는 효과일 것이다.

해피 뉴 이어를 기다리며...

어느덧 고단했던 한 해가 가고 희망을 기다리는 새해가 왔는데, 예전처럼 흥이 나지 않는 모습들이다.

지난 12월에는 가이트너 재무장관이 금융기관 구제금융을 2010년 10월까지 연장한다는 발표를 하였고, 뱅크 오브 아메리카, 웰스파고 은행 등이 이익 증가로 구제 금융을 다 갚았지만, 오바마 정부는 다시 한 번 중소기업에 대한 대출을 독려하고 있다고 하는 등 정부에서도 경제의 회복 속도에 자신감을 갖지 못한 듯하다.

지금의 경제 회복(미국 정부는 공식적으로 불황이 2009년 6월로 끝났다고 발표하고 있지만, 미국 경제학자들의 민간단체인 NBER에서는 아직 불황 종료를 선언하고 있지 않다.)은 정부의 재정지출 증가에 의한 것인데, 한 예로 중앙은행도 통화 공급을 위하여 사들인 각종 채권이 불황 전에는 1조 달러가 조금 안 되던 것이 지금은 2.3조 달러가 넘는다. 미국 전체의 주택 모기지 금액이 10조 달러 정도이니, 정부가 모기지 채권을 사들여 많은 부분의 모기지를 뒷받침하고 있는 것이다.

정부도 무한정 지출을 늘릴 수는 없고 지출의 끈을 놓을 경우 일년에 10조 달러 정도 소비하는 미국 소비자들이 과연 그 끈을 이어받아 소비를 늘릴 수 있을 것인가가 경제회복의 지속 여부와 강도를 결정할 것이다. 그런데 미국 소비자들이 이번 사태로 2%도 안 되던 저축률을 6%로 급속히 올리고 있고, 부자고객 위주의 보험사 간부는 회사는 잘되고 있으나, 부자고객들이 저축을 늘리고 좀 더 안전한 자산으로의 이동이 많다고 한다.

맨해튼 파크애비뉴의 금융 회사를 방문하였더니 2년 전 스퀘어피트당 110달러 하던 렌트가 지금은 50달러로 내렸다 하니, 상업용 부동산 소유자들이 가격의 급속한 하락으로 타격을 받을 것이고, 상업용 부동산에 대출한 중소 은행들도 힘든 한 해가 될 것이며, 그것은 중소기업에의 대출 감소로 이어져 더블딥을 걱정하게 만드는 것이다.

얼마 전 만난 코네티컷에서 20조 원 정도를 운영하는 SAC 헤지펀드의 스티브 코헨 사장도 자기자본의 열 배 가까운 돈을 더 빌려 투자하던 것을 지금은 서너 배 정도만 빌려 투자한다 하니, 아직 완전한 회복은 좀 더 기다려야 할 것이다. 하지만 미국 주식시장의 과거를 보면 대통령 취임 3년째, 즉 대통령 선거 1년전(1959년, … 2003년, 2007년 등 다음은 2011년)에는 주식시장이 2차 세계대전 이후로 단 한 번도 내려간 적이 없으니 설사 2010년이 해피 뉴 이어가 안 되더라도 2011년의 역사 흐름을 기대해 보며 묶은 허리띠를 아직은 풀지 말아야 할 것 같다.

슈퍼볼과 억만장자

미국 최고의 스포츠 축제라는 슈퍼볼, 어느 팀이 이겼는지는 기억을 못해도 거기에 나온 광고는 오랫동안 기억을 한다는, 그래서 많은 기업들이 30초에 30억 원이나 든다는 광고를 하려고 줄을 서서 기다린다고 한다. 올해는 경제 불황의 여파로 광고비가 작년보다도 내려간 금액이 그 정도라 한다.

많은 전문가들이 객관적인 전력으로 인디애나폴리스의 콜트팀이 앞설 것으로 봤으나 몇 년 전 허리케인 카트리나로 많은 피해를 봐 일 년 동안 홈구장에서 경기를 못 할 정도로 열악한 환경 때문이었는지, 팀 창단 이래 한 번도 우승을 못해 본 뉴올리언스 세인트팀의 31대 17 역전 우승으로 끝났다.

지난 달 헤지펀드의 귀재로 알려진 SAC 헤지펀드의 스티브 코헨을 스탬포드에 있는 그의 사무실에서 만난 적이 있다. 2004년 처음

10억 달러 억만장자 리스트에 올라 2009년까지 80억 달러로 재산을 불렸으니 매년 10억 달러 이상을 번 셈이다.

그는 뉴욕 그레이트 넥에서 자라나 1978년도에 대학을 졸업하고 뉴저지의 조그만 증권회사에 취직하여 파생상품인 옵션 트레이딩으로 시작하였다. 1992년도에 고객 돈 2,000만 달러로 조그만 헤지펀드 회사를 설립하여 모든 비용과 수수료를 제외하고도 최고의 투자자로 알려진 워렌 버핏의 22%를 상회하는 매년 33%의 수익을 투자자들에게 올려 주고 있다. 그는 어렸을 적부터 많은 정보에 관심을 기울여 11살부터 월 스트리트 저널을 읽은 것으로 유명한데, 평범한 중산층에서 자라나 집안의 후광이나 도움 없이 큰 성공을 거둔 것의 원동력이 됐다 한다.

예술 작품 수집광으로도 유명한 그의 옷차림은 맨해튼 길에서 흔히 볼 수 있는 청바지에 티셔츠의 캐주얼 차림으로, 미리 사진을 보고 갔음에도 복도에 서 있던 그를 알아보지 못하는 실수(?)를 했다.

그와 이야기를 나누는 동안 직원이 들어와 뉴스가 나왔다고 알려준다. 어떤 비밀 정보가 아닌 웰스파고 은행이 미국 정부의 구제금융 자금을 갚기로 했다는 누구에게나 전달되는 뉴스다. 우리 일행에 양해를 구하고 2~3명의 간부들이 같이 들어와 투자에 대해 의견을 잠깐 나누더니, 즉석에서 1억 5,000만 달러어치 주식을 즉시 구입하도록 지시를 하고는 다시 우리들의 대화로 돌아왔다. 역시 그의 장점은 신속한 결정력 같았다. 그가 다른 사람들이 갖지 못한 예측력을 갖고 있다는 생각은 안 들었다. 그런 그가 직원들 교육을 위하여 하는 말은 자기 자신의 끊임없는 반성이란다. 그리고 모든 투자자들

은 다 나쁜 습관이 있는데 그것을 고치지 못하는 점 때문에 성공을 못하는 것이다. 성공하지 못한 투자자들은 나쁜 시장환경이나 자기 자신의 운이 없음을 탓하는데, 진정한 원인은 본인의 나쁜 습관이란다. 뒤지던 뉴올리언스팀의 우승을 보며, 우리도 조그마한 나쁜 습관을 바꿔 보면 현재의 어려움을 극복할 수 있을 것이라 생각해 본다.

세계의 억만장자

얼마 전 포브스지에서 세계 최고 부자 리스트를 발표하였다. 세계 최고의 부자로 알려져 왔던 마이크로소프트의 빌 게이츠에게는 아마도 근래에 가장 유쾌하지 않은 날이었을 것이다. 그가 처음으로 세계 최고 부자 자리를 내주었기 때문이다. 새로 세계 최고의 부자가 된 사람은 미국, 일본, 유럽 등 선진국이 아닌 멕시코에서 나왔다. 멕시코에서 통신, 정유 등 여러 부문의 사업을 하는 카를로스 슬림 헬루이다.

그러면 부자들은 어떤 업종을 선택했을까? 우선 세계 25대 부자들에 속하는 마이크로소프트의 빌 게이츠와 공동 창업자 폴 알렌을 위시하여 세계 6위(미국 3위)의 엘리슨은 오라클이라는 데이터베이스 소프트웨어 하나로 성공했고, 구글을 창업한 브린과 페이지도 24위에 올라 있다. 컴퓨터 판매회사 델컴퓨터 창업자 마이클 델도 37위

에 올라 있다. 창업자가 생존해 있다면 단연 세계 최고 부자일 유통업체 월마트의 상속자 가족들의 재산은 빌 게이츠의 두 배 가까이 된다. 엠앤엠즈 초콜릿으로 유명한 마즈 초콜릿 회사의 상속자들의 재산을 합하면 미국 3위가 되는 것이다, 또한 이탈리아 초콜릿회사 페레로 가족들도 세계 28위에 이름을 올리니 발렌타인데이 등 초콜릿 시장의 위력을 말해 준다. 또 한 가지 눈에 띄는 것은 세계 50대 부자에 인도 사람들이 6명이나 포함돼 미국 다음으로 가장 많다. 현재 활동하고 있는 여성 중에서는 피델리티 증권회사를 운영하는 아비게일 존슨이 50대 재벌에 이름을 올리는 등 금융업종이 많다. 이곳 뉴욕 한인사회에도 의류 유통업으로 성장하는 사우스 폴, 식료품 유통업의 H마트, 한양마트 등 열심히 성장하는 유통 회사들이 있다. 그들이 세계적 기업으로 크기 위해서는 돈을 벌면 부동산 투자 등을 할 게 아니라, 주어진 업종에 재투자를 하고, 미국의 금융시장 등을 이용한 자금조달 등 선진 금융기법에도 관심을 가져야 할 것이다.

금, 원유, ETF(상장지수펀드)

옛 제자인 다니엘이라는 학생이 부활절 휴가를 맞아 리조트에 갔다가 슬롯머신에서 2만 달러를 땄는데 세계 최고의 주식 가치를 가진 엑슨모빌 정유회사 주식을 사면 어떠냐고 물어왔다.

지금 세계 경제가 회복되어 가고 있고 전 세계 오일량의 25%가량인 하루 8,000만 배럴의 오일을 쓰는 미국과 아직은 미국의 3분의 1 수준이지만 빠르게 늘어나고 있는 중국 경제에, 산업생산용 또 수송용 기름은 물론 여름 휴가철을 맞아 여행용 수요가 늘어날 것이다. 또한 경제 회복을 위해 미국 중앙은행이 추가로 쏟아부은 2조 달러라는 천문학적인 돈이 경제가 회복되면서 결국은 인플레이션을 유발할 것이다. 이란을 포함한 중동 지역의 갈등이 오일 생산과 공급에 문제를 유발할 것이기 때문에 오일 가격은 오를 것이고 그러면 정유회사 주식은 오를 것이라는 이유에서다.

기름뿐만 아니라 인플레이션으로 인하여 금값도 오를 것이므로 금에도 투자를 하고 싶다는 것이다. 역사적으로 금값은 1998년 한국 등 아시아 국가의 외환위기 당시 200달러까지 떨어졌던 것이 지금은 1,200달러 가까이 치솟았다. 역사적으로 금값은 인플레이션과 아주 밀접한 연관성이 있어 왔다. 매년 같은 이자를 주는 것이 아니라, 인플레이션이 높으면 더 많은 이자를 주어 인플레이션으로 인한 손해를 보상해 주는 미국 정부 발행 인플레이션채권(TIPS)의 수요가 늘어나 발행량을 10년 전과 비교해 다섯 배 가까이 늘렸다 한다.

그러나 상품 투자의 거물 짐 로저스를 위시한 기관 투자자들은 상품 선물 등에 투자를 하는데, 이것은 최소 투자 단위가 크고, 만기가 있어 시간에 쫓기게 된다. 그에 비해 요즈음 한국에서도 활성화되고 있는 ETF(Exchange Traded Fund)에 투자하면 원유나 금에 직접 투자하여 원유값이 20% 오르면 정유 회사 주식과 달리 20% 가까이를 벌 수 있고, 최소 투자 단위는 일반 주식과 똑같아 1,000달러 이하로도 투자가 가능하고, 팔고 사는 방법이나 시간 등도 일반 주식과 완전히 같다. 거기에 더해 돈을 빌려 투자하면 더 많은 수익을 낼 수 있다는 것은 누구나 아는 것인데 주식과 달리 증권 회사가 이미 돈을 빌려 만들어 놓은 ETF를 사면 원유값이 20% 오를 때 두 배인 40%를 벌 수도 있는 것이다. 반대로 원유 가격 하락을 예측하는 투자자를 위해 공매(short selling, 미리 주식을 빌려서 팔고 나중에 가격이 하락하면 싼값에 사서 갚는 투자 기법)를 미리 해 놓은 ETF도 있으니 이제는 위험한 개별 주식이나 상품에 투자할 것이 아니라, 수익은 유지하면서 위험을 상당히 줄일 수 있다.

금과 공포지수를 옵션으로

매일 나오는 경제지표는 현재의 체감 경제상황을 혼란스럽게 만든다. 얼마 전에는 미국 국내총생산이 6% 가까이 올랐다 하는데 이것은 경제상황이 좋았던 때의 4%보다 훨씬 높은데도 별로 느껴지지 않는다. 그 이유는 소위 기저효과(Base effect)라고 하는 비교 연도인 작년의 GDP가 워낙 낮았기 때문인 것도 있고, 더 중요한 것은 이번 생산 증가에서 판매 증가로 인한 부분은 단지 2% 정도이고 나머지는 기업들이 재고 감소 보충분을 메우기 위한 것이기 때문에 대부분이 서비스업종인 교포사회에는 혜택이 적을 수밖에 없기 때문이다.

또 하나는 최근 신규 고용이 29만 명이나 늘었는데 실업률은 오히려 9.7%에서 9.9%로 늘었다는 것이다. 이것은 실업률을 계산할 때 전체 고용자를 미국 전체 인구인 3억 명이나 15세부터 65세까지의 노동 가능 연령인구인 2억 명으로 나누는 것이 아니라, 학생 등을 뺀

일할 의사가 있는 약 1억 5천만 명으로 나누는데, 이번에는 전체 고용자 수는 늘었지만 일할 의사가 있는 인구가 더 많이 늘었기 때문이다. 이것은 고용시장이 좋아져 직장을 포기하고 있던 사람들이 다시 직업을 구하러 나온다는 좋은 징조일 수도 있고, 아니면 너무 오랫동안 실직 상태로 있어 더 이상은 버티기 어려워 다시 직장을 구하려 하는 것일 수도 있다.

이런 와중에 자원 가격이 많이 올랐는데 주 원인 중 하나는 몇 년 전까지 매년 1억 톤을 수출하던 중국이 늘어난 전력 수요를 위해 작년에는 1억 톤을 수입하면서 생긴 결과이다.

그리스, 스페인, 포르투갈, 이탈리아 등으로 인한 유럽 경제의 악화 우려로 원유 가격이 조금 내리고, 매년 미국에서 1,600만 대 이상 팔리던 자동차가 금융위기로 1,000만대 수준으로 떨어지긴 했지만, 이제는 중국이 세계에서 자동차가 가장 많이 팔리는 나라가 됐고, 계속 늘어나고 있으니 획기적인 전기자동차가 나오기 전에는 원유 수요는 계속 늘어날 것이므로 자원 가격 하락은 별로 기대할 수 없다.

여기에 연일 오르는 금값은 1,200달러를 훌쩍 넘어 사상 최고치를 경신하고 있다. 금 가격은 2차 세계 대전 중 미국 뉴햄프셔에 있는 브레튼우즈에서 맺은 협정에 의해 화폐 발행을 금 보유량에 따라 하는 금본위제에 의해 고정돼 있었다. 그러나 베트남전쟁 등으로 화폐 발행이 필요했던 미국의 닉슨 대통령은 금보유량 이상으로 화폐를 발행하기 위해 1973년 이 협정을 폐기하였다. 그 후 지난 40년 동안 300~400달러 사이였으나, 1980년 헌트 형제가 금 가격 투기를 하여 단기적으로 800달러를 넘기도 하였고 1998년 한국의 금모으기 운동까지 일으킨 외환위기 당시에는 200달러대까지 떨어지기도 하였다.

인플레이션을 조정한 가격으로는 헌트 형제 금투기 당시의 가격이 현 시세로 2,000달러가 넘으니 이번에도 2,000달러까지 갈 수도 있다고 국제 자원투자의 전문가 짐 로저스 등은 주장하고 있다. 하지만 역사적으로 금 가격은 단기 인플레이션이 오를 때 단기적으로 올랐고, 또한 투자자들이 공포를 느낄 때도 안전자산 선호현상으로 올랐다. 인플레이션은 정부 발표 등으로 쉽게 접할 수 있는데, 투자자들이 심리적으로 느끼는 공포지수는 옵션 가격을 이용하여 계산한 VIX지수가 쓰이고 있다. 이 지수는 보통 15에서 20 사이에서 움직이는데 유럽발 금융위기로 요즈음 40 가까이 올랐다. 그래서 요즈음은 금투자에 관한 질문을 하는 학생들이 늘고 있다. 하지만 금은 85% 이상 보석용으로 쓰이므로 지나치게 오르면 원유나 은과 달리 사람들이 수요를 줄일 것이므로 가격 상승에는 한계가 있기 때문에 단기 투자를 하는 것이 안전할 것이다. 금 가격이 1,200달러에서 1,224달러로 올랐으니 2% 수익을 낼 수 있었지만, 지난 주 목요일 만기가 된 한국의 주가지수 콜옵션 가격은 그날 1조 달러를 투입해 유럽 금융위기를 해결하겠다는 유럽 국가들의 발표로 미국 주식시장이 급등하고 그 여파로 한국 주식시장도 2%가 올랐지만, 전날 2만 원 하던 옵션 가격은 8만 원으로 400%가 올랐다. 이렇듯 단기 투자를 할 때는 옵션을 이용하는 것도 가능할 것이다.

역시 뉴욕은 뉴욕이네

월드컵에서 한국팀의 활약은 답답하던 가슴을 시원하게 해 주고 한국인으로서의 긍지까지 느끼게 하는데, 매일 나오는 경제지표는 현재의 체감 경제상황을 혼란스럽게 만든다. 얼마 전에는 미국 신규 고용이 지난 달 60만 명 가까이 늘어 실업률이 9.9%에서 9.7%로 내렸다는 좋은 소식에도 다우존스주가지수가 하루에 3%나 떨어졌다. 얼핏 보기에 좋은 소식인데도 주가가 떨어진 것은 늘어난 고용자 중 2010년 센서스를 위해 정부가 고용한 임시직이 50만 명 가까이 포함된 것으로 나타났기 때문이다. 거기에 2010년 센서스에는 2000년 센서스에 비해 우편 응답률이 높아 이들 임시직마저 머지않아 필요하지 않을 것이라 한다. 실질적으로 고용을 늘리기 위해서는 현재 매월 50만 명 가까이 직장을 잃고 있는 사람들이 40만 명 이하로 줄어야 하는데 아직은 그것에 못 미치고 있는 것이다.

또한 이번 금융위기로 미국에서만 200여 개의 은행이 문을 닫았는데, 뉴욕 동포들이 다수 이주한 애틀랜타시가 있는 조지아주가 숫자나 %에서 최고이고, 시카고가 있는 일리노이주, 플로리다주, 캘리포니아주 등에서 주로 발생했다. 오히려 금융 회사들이 많은 뉴욕 지역은 양호한 편이다. 이것은 금융위기에도 뉴욕 지역의 부동산 가격이 상대적으로 덜 내려 소비가 덜 줄어든 것도 한 원인일 것이다. 한국이나 중국 등은 수출이 전체 경제의 30~40%를 차지하는 데 반해, 미국 경제는 수출 의존도가 8%에 불과하고 70% 이상을 소비에 의존하고 있다.

그런데 소비는 주식시장의 등락보다 주택가격의 등락에 5배내지 10배나 더 영향을 받는다고 하니 뉴욕 지역의 부동산이 영향을 덜 받아 소비에도 영향을 덜 준 것이다. 미국 전체로 보아 신용카드 사용 잔액도 지난 4년 동안 가장 적은 수준인 8,400억 달러로 내려갔으나, 뉴욕 지역은 영향을 덜 받았다고 하니 역시 뉴욕은 뉴욕이다.

뉴욕시의 고급 동네 리커스토어에서 팔리는 레드와인의 평균 가격이 다시 100달러를 넘어섰고, 다이너 식당에서 팔리는 고급 디저트 중 하나인 트루펠이 작년보다 2배로 늘었다고 한다. 작년 경제 침체에 바닷가재의 소비 감소로 가격이 하락하여 한국 소비자들이 행복했었는데, 다시 바닷가재를 재료로 한 고급 요리들이 식당 메뉴에 등장하고 있다.

얼마 전 만난 뉴저지의 식당관계자에 의하면 세계적 스포츠 행사가 매출에 미치는 영향은 평상시 한 달간 벌 수익을 중요 경기가 있는 하루에도 번다고 한다. 라틴계 이민자가 많은 뉴욕에 이번 월드

컵은 특히 요식업의 특수를 가져올 것이고, 남미의 브라질이 중국과 같이 9%의 고속 성장을 했다고 하니 라틴계들의 소비가 늘 것으로 기대된다. 거기에 남미 국가가 대한민국을 제치고 월드컵 우승을 한다면 뉴욕 소비 증가의 모멘텀이 될 것을 기대해 본다.

거기에 더해 반가운 소식은 전체적인 고용시장의 침체에도, 뉴욕시에서만 2010년에 53,500명의 신규 고용이 늘어났으며, 증권 금융 업종에서는 금년 들어 2,200여 개의 직장이 사라졌지만 보건의료계에서 8,400여 개의 직장이 늘고 한국 동포들이 많은 음식점 등의 요식산업에서는 여행 산업 등의 회복 조짐으로 벌써 5,600여 개의 새 직장이 늘었다 하니 역시 뉴욕은 뉴욕인가 보다.

서울에서는 지금...뉴욕같이...

마침 여름 방학을 맞아 서울을 방문하였더니, 연일 들려오는 뉴스는 금년 들어 대한민국의 주식시장이 세계에서 가장 많이 올랐고, 정부에서도 경제성장률은 예상치보다 높을 것이며 삼성, 현대, 엘지 등의 대기업은 사상 최고의 실적을 내어 세계적인 기업 반열에 올랐다는 뉴스들이다. 그런데 시내에서 택시를 타는데 기사분들의 이야기는 한결같이 아직도 IMF 외환위기 때보다도 더 힘들다고 한다.

그렇다면 많은 돈을 버는 한국 기업들의 달러는 어디로 가서 환율은 아직도 고공행진을 하고 일반 서민들은 한국의 회복된 경제를 느끼지 못하는 것일까? 우선 환율은 대통령 경제 특보와 청와대 경제수석 라인의 방침이 아직도 대기업 위주의 환율정책을 펴고 있으니 사상 최대의 수출에도 일반 서민은 그 혜택을 받지 못하고 있는 것이다. 또한 기업이 돈을 벌면 기업 주인들이 잘사는 것인데 요사이

큰 혜택을 보는 삼성, 현대, 포스코 등의 한국 대기업들은 자세히 보면 외국인 소유 비중이 절반 혹은 그 이상이고, 일부 고위 공무원들이 국책 은행이라고 착각을 했다는 국민은행을 위시한 은행들도 절반 이상은 외국인이 소유하고 있는 것이다. 그러니 대기업 위주 정책의 주요 수혜자들은 외국인이라는 것이다.

지금 한국에서는 삼성SDS와 같은 비상장기업의 주가도 급속히 뛰고 있다. 7월 초에 8~9만원 하던 것이 2주만에 70% 가까이 올라 13만 원을 넘는다 한다. 삼성생명도 얼마 전 11만 원으로 기업공개를 했는데 비상장기업이던 때에 상장에 임박하여 3배 이상 올랐던 경험이 있다. 그러니 이제는 비상장기업에도 투자의 눈을 돌려야 할 것이다. 하지만 비상장기업은 언제 상장될 지 알 수 없어서 쉽게 팔지 못해 유동성에 문제가 생길 수 있으므로 특히 더 여유 자금으로 하여야 할 것이다.

지금의 금융위기를 정확히 예측 투자하여 한 해에 3조 5,000억 원 이상을 개인적으로 벌어들인 존 폴슨이 요즈음은 미국 금융주의 회복을 예측하여 투자하고 있다 하니 그곳도 눈여겨봐야 할 것이다. 수십 개의 다른 금융기관에 투자할 수 있는 큰손들과 달리 소액 투자자들은 한두 개의 금융기관 밖에 투자할 수 없으니 효과적인 위험관리를 할 수 없다. 그러한 위험을 줄이는 것이 금융 ETF이다. 금융 ETF에는 20개의 금융기관이 들어 있으니 1주의 금융 ETF를 사는 것은 20개의 금융기관 주식을 조금씩 사는 것이다. 몇 년의 긴 터널을 빠져나오려 할 때 막연히 기다릴 것이 아니라 좋은 기회를 가져야 할 것이다.

더블딥 아닌 대박 기회로...

몇 년째 지속되는 불경기에 경기가 살아나느냐 마느냐 하는 논란 속에 아직도 경제가 완전히 회복하지 못하고 다시 불황으로 간다는 더블딥을 염려하는 소리가 많다. 지난 주말에 뉴욕에 있는 한인 젊은 금융인들을 만날 기회가 있어 그들의 의견을 들을 수 있었다. 마침 재무장관 가이트너가 있던 뉴욕 중앙은행에서 근무하고 있는 분은 다행스럽게도 경제에 대해 낙관적으로 말했다. 그 이유는 지난 2년여 동안 주택시장을 살리기 위해 미국 중앙은행에서 1조 달러 이상 사들인 모기지 채권에서 나오는 이자와 원금만 매달 수백억 달러 정도되고 버냉키 중앙은행장이 그 돈들을 주택시장 안정을 위해 쓰겠다고 했으며 다른 부채 관련 경제지표들도 나쁘지 않다고 한다.

하지만 골드만삭스, 모건스탠리, 바클리 등 민간 금융계에 있는 사람들은 아직도 염려하는 부분이 많다고 한다.

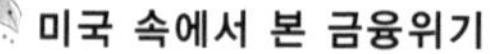

그런데 이런 어려운 경제 환경에서도 단시간에 큰돈을 버는 투자자들이 있다고 한다. 얼마 전 신문을 보니 캐나다의 포타쉬라는 세계 최고의 비료회사에 스페인 투자자들이 미국에서 투자하여 단기간에 110만 달러 이상을 벌었다는 기사가 났다. 물론 주식에 투자해서는 이룰 수 없는 금액이다. 이러한 수익은 소위 파생상품에서나 가능한 것이다. 파생상품 중에서 스왑, 선물, 포워드 등은 거래단위가 커서 대부분 기관이나 큰손들이 이용하는 경우가 많은데, 옵션은 거래단위가 작고 주식이나 다른 파생상품보다 수백 배 다양한 상품이 있어 많은 소액 투자자들도 이용하고 있다. 이번 스페인 투자자들도 소액 투자자들이었다.

옵션에는 콜옵션과 풋옵션이 있는데 콜옵션은 주식 등의 가격이 오르리라고 기대할 때, 즉 주식 가격이 얼마나 오르더라도 미리 정한 행사가격에 살 수 있다. 한 예로 주식 가격이 120달러로 오르더라도 살 때 정한 행사가격이 100달러라면 1주당 20달러의 이익이 나는데 처음 투자하는 금액이 주식 가격인 100달러가 아니라 옵션 가격인 1달러이니 20%가 아니라 20배(2,000%)의 엄청난 이익을 낼 수 있었던 것이다. 또한 풋옵션은 하락할 것으로 기대할 때 사면 된다. 옵션의 장점들은 많은 경우 가격이 1달러 내외로 저렴하고, 복권 등과 같이 최대 손실이 매입한 금액 이상으로는 잃지 않는다. 하지만 만기가 있어 예측이 만기 전에 이뤄져야 한다. 한국에서는 옵션 등의 만기일이 매월 두 번째 목요일이지만 미국에서는 매월 세 번째 금요일에 만기가 이뤄져 만기일 날은 주식 등 다른 것에도 영향을 주는 금융에서는 특별한 날이다.

부자 동네와 부자들

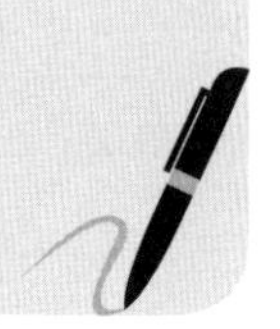

얼마 전 포브스지에서 미국 최고 부자 동네 리스트를 발표하였다. 또한 미국 최고 부자 리스트의 부자들은 부자 동네에 사는지도 살펴보았다. 부자 동네는 평균 집값이 비싼 곳을 의미하였는데 우편번호를 기준으로 하였다. 미국에는 약 4만여 개의 우편번호가 있는데 3억 명이 조금 넘는 인구를 기준으로 하여 한 우편번호당 인구 10만 명이 넘지 않도록 조정한다고 한다.

4만여 개의 지역 중 약 1%를 선정하였는데 한국인들이 많이 사는 뉴욕, 뉴저지, 코네티컷의 트라이스테이트와 캘리포니아 등 4개 주가 무려 80%를 차지하였다. 또한 요즈음 한인 인구가 많이 증가하는 뉴저지의 버겐카운티에 집값이 비싼 곳이 많았다. 뉴저지에는 총 21개의 카운티와 1,126개의 타운이 있는데 그중 32개 타운이 부자 동네로 선정되고 그중 3분의 1인 11개가 버겐카운티에 있다. 버겐카운

티 외에는 숏힐 쇼핑몰 부근의 모리스 카운티와 에섹스 카운티 또한 롱브랜치와 애즈베리파크가 있는 뉴저지 중부 해변가의 맘모스 카운티와 오션 카운티 등이었다.

모두들 되고 싶어하는 부자는 어떻게 되는 것인가? 먼저 부자들의 학벌을 살펴보았다. 상위 자수성가형 부자들 중 워렌 버핏을 제외하고 빌 게이츠, 애플 컴퓨터의 스티브 잡스, 오라클의 창시자 엘리슨, 마이크로소프트 공동 창업자 폴 알렌, 델 컴퓨터의 마이클 델, 카지노의 황제 아델슨 등이 모두 대학교 중퇴를 하였다. 거기에 최근에 나타난 26세의 최연소 부자로 소셜 네트워크를 서비스하는 마크 주커버그 페이스 북 창업자 역시도 대학교를 중퇴하였다고 한다.

하지만 이들은 불성실하여 학교를 그만둔 것이 아니라 자신의 확고한 목표가 있어 스스로 학업을 중단하였다. 반면에 서게이 브린, 래리 페이지(구글 공동 창업자), 제리 양(야후 창업자) 등은 대학원 교육까지 받았다. 학업 자체가 부의 필수 조건은 아닌 셈이다.

얼마 전 코넷티컷 최고의 부자로 헤지펀드를 경영하는 스티브 코헨을 만난 적이 있다. 그에게서 발견한 점은 타이밍과 결단이었다. 그가 투자하는 주식들은 모두 우리가 아는 회사들이었다. 필자와 인터뷰를 하던 중 제이피모건에 관한 뉴스가 나왔다고 직원이 알려오자, 양해를 구하고 수 분간 골똘히 생각하더니 직원에게 즉시 투자 지시를 하는 것이었다. 세계 최대의 마젤란 펀드 매니저로 이름을 날리다 은퇴한 피터 린치도 어떤 주식을 선택할 것인가보다, 언제 투자할 것인가가 더 중요하다고 하였다. 워렌 버핏도 주식 선택이 필요없고, 타이밍만 필요한 인덱스 펀드나 ETF에 투자할 것을 권하고, 베스트셀러의 저자 맬킬 교수도 인덱스에 투자하는 것이 90% 이상의 펀드 매니저보다도 나은 결과를 가져왔다고 하였는데, 본인의 연구에서도 이것이 입증되었다. 뉴스나 소문에 따라 어떤 주식을 살까 고민하기보다는 언제 인덱스나 ETF를 사고팔 것인가를 고민하는 것이 나을 것이다.

GM 기업공개(IPO) 다음은 누구...

지난주 목요일 아침 세계 최대 자동차 회사에서 파산해 미국과 캐나다 정부 소유로 넘어간 GM이 기업공개(Initial Public Offering: IPO)를 하였다. 180억 달러로 이제까지 미국 최대의 기업공개였던 2008년의 신용카드 회사 비자(Visa), 190억 달러로 세계 최대였던 2010년 7월 중국 공상은행의 기록을 제치고 200억 달러라는 최대의 기업공개였다. 지금과 같은 어려운 금융환경과 신용경색에도 성공적으로 22조 원이 넘는 자금을 조달하였다. 비록 나는 돈이 없더라도 자본시장 주위에는 많은 자금이 있다는 것을 증명하였다. 특히 미국의 두 차례에 걸친 양적완화정책으로 풀린 2조 달러가 넘는 돈 덕분일 것이다. 많은 일반인들이 그렇게 많은 돈이 풀렸는데 왜 자기들 주머니는 아직도 이렇게 추운 것인가에 대한 답의 일부일 것이다.

지난주 맨해튼 월 스트리트에서 일하는 젊은 한국 금융인들을 만

나서도 느꼈던 심정이었다. 한인들이 많은 북부 뉴저지나 뉴욕의 플러싱 지역에 사시는 분들은 아직도 힘들어하는데, 맨해튼 월 스트리트에 있는 분들은 이미 봄이 시작된 것 같았다. 그들이 다니는 식당은 작년과 달리 대부분이 만원을 이루고, 비어 있던 상점들도 많이 찼으며 또한 신장개업 준비를 하는 모습이라 한다.

소매업 회사들도 미국 최고의 쇼핑 시즌이 곧 시작하는 데도 월마트가 모든 구매의 무료 배송을 선언하자 타겟도 무료 배송을 발표하였고, 며칠 전에는 제일의 전자제품 판매점 베스트 바이도 크리스마스 전까지 모든 구매를 무료 배송하겠다고 발표하였다. 아직도 서민에게는 봄이 오지 않았다는 증거일 것이다. 그에 반해 고급 물품을 파는 백화점과 명품점들은 표정관리를 한다 하니 돈의 흐름이 어디로 갔는지를 느끼게 해 줬다. 또한 지난 번 젊은 금융인들 모임에서, 마침 필자의 지인이 일본제 신형차를 샀는데 급히 한국으로 가게 돼서 채 일 년도 되지 않은 자동차를 싸게라도 팔려고 하기에 그들에게 소개하려고 하다가 말도 제대로 꺼내지 못하고 얼굴이 조금 붉어졌다. 그들은 유럽제 고급 스포츠카인 페라리, 람보르기니, 부가티 등의 구매에 관해 이야기들을 하고 있었던 것이다.

얼마 전에는 맨해튼에서 제일 큰 사무실을 사용하는 인터넷 회사 구글이 전 직원 10%의 봉급 인상으로 부러움과 물의를 일으켰듯이 금융계에서 일하는 이들도 본인들이 생각했던 것보다도 많은 보너스를 받았다고 한다. 또한 은행들은 주주들에게 배당금을 더 올리겠다며 정부의 눈치를 보고 있다. 그러면 왜 그들은 스포츠카를 타고 메인 스트리트의 우리들은 오래된 중고차를 타야 하는가? 그것은 그들

이 정보에 더 밝기 때문이다. 그렇지만 고급 비밀 정보가 아니고 모두가 접할 수 있는 뉴스에 나오는 정보인 데도 말이다.

그중 하나가 기업공개이다. 미국에서도 기업공개 시 주식을 사면 아주 단기간에, 많은 경우 단 하루 만에도 많은 수익을 굉장히 안전하게 낼 수 있다. 이번 학기에 마침 투자론을 강의하고 있어, GM의 기업공개를 소개하고 무조건 모든 자금력을 동원해서 사고, 바로 다음 날 주식이 처음 거래되는 날 즉시 팔아라, 만약 점심식사 후에 팔면 수익은 줄어들 것이라고 강의를 하였다. 그것이 현재까지 진행된 기업공개의 주가 형태였다. 그런데 첫 거래일 오후에 같은 학생들의 투자론 강의가 있었는데, 역시 한 학생이 교수님 말씀대로 기업공개 주식을 조금 사서, 필자의 조언대로 아침에 팔았다며 수업 중에 실시간 GM 주식 시세를 찾아보자고 하였다. 조금은 불안한 마음으로 프로젝터의 인터넷 화면을 켜서 주식 가격을 찾았더니, 역시 주가는 시장을 열자마자 급등해 오전 10시까지 최고조를 이루더니 그 이후로는 내려가 기업공개 주식을 샀더라도 수익률은 아침 일찍 판 투자자보다 반으로 줄어 있었다.

이렇듯 공모주는 이틀 정도의 공모기간에 구입하여 공모 첫날 개장과 동시에 파는 것이 가장 좋은 투자방법이다. 이제는 일반인들도 기업공개에 참여하여, 금융시장의 혜택을 받아야 한다. 뉴스를 보고 언제 어떤 기업이 기업공개를 할 것인가에도 관심을 가져야 할 것이다. GM이 성공적으로 기업공개를 하였으니 다음은 몇 해 전 개인기업이 된 크라이슬러 자동차가 뒤를 잇지 않을까 예측해 보면서…

신묘년 효과적 투자전략

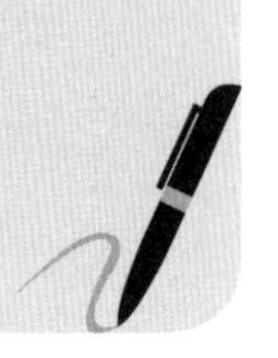

고단했던 한 해가 가고 희망이 기다리는 새해가 왔다. 하지만 오바마 정부의 최대 숙제인 실업률은 아직도 9.8%에서 내려가지 않고 있다. 이 정도면 미국에서 1,500만 명 이상이 일자리를 못 찾고 있다는 것인데, 이것은 구직을 포기하고 있다가 경제가 좋아지면 다시 일자리를 찾으려는 잠재 실업자를 포함하고 있지 않은 숫자이고, 인구 성장률 1%인 미국은 현재의 실업률을 유지하려 해도 매년 150만 개의 새로운 일자리가 필요한 것이다. 그래도 뉴욕 지역은 9% 초반이니 조금은 다행인 편이다. 하지만 한인이 많은 서부의 LA 지역은 평균을 훨씬 초과하는 12% 가까이라고 하니 걱정이다.

이번 경제 불황 이후 경제가 살아나도 예전과는 다른 소비패턴을 보일 것이다. 우선 뉴욕의 소비자들은 일주일 점심 저녁 14번의 식사 중 8번 이상 외식하던 습관을 6번 정도로 줄였다 한다. 또한 이번

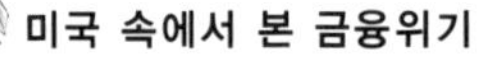

불황 기간 동안 아이폰, 아이패드 등의 히트로 네 배 이상 주가가 뛴 애플 컴퓨터 못지않게 같은 기간에 400% 이상의 주가 상승률을 보인 아마존은 앞으로 소매업계의 판도를 바꿔놓을 기세다.

또한 우리에게 낯익은 비디오업계의 왕자 블록버스트의 파산이 넷플릭스(Netflix)라는 새로운 회사 주가를 지난 일 년간 500% 가까이 오르게 만들었듯이 이제 비즈니스 모델은 인터넷을 적극적으로 활용하지 않고는 성장하기 어려워졌다. 새해부터는 우리가 많이 이용하기 시작했다면 그 회사의 주식을 사는 투자 마인드를 함께 가져 보는, 행동하는 투자를 권해 본다.

그래서 오바마 정부의 양적완화정책으로 금리가 올라 채권 가격이 많이 내리고 있으니, 뉴스만 볼 것이 아니라 갖고 있던 채권 투자를 다른 것으로 전환할 수도 있겠다. 어떤 사람들은 천정부지로 오르고 있는 금에 투자하라고 하는데, 작금의 금 가격 인상은 수요 증가에 따른 것이라기보다는, 금융 회사들이 금의 인기를 틈타, 금 투자를 위한 ETF를 만들어 파는 과정에서 생긴 금의 일시적 수요 증가로 보는 견해가 많다. 금 가격 하락이 시작되면 각국 정부 보유 금들이 아닌 투자용 금들은 일시에 매물로 나와 금 가격 하락을 가져올 것이다.

거기에 2011년은 미국 대통령의 3년째 임기가 되는 해인데, 1900년대 초반 이래로 미 대통령 임기 3년째에는 단 한 해도 주가가 내려간 적이 없고 평균 주가 상승률 또한 다른 해의 두 배 이상인 13%를 기록하고 있으니, 독자들의 개인 포트폴리오나, 401K 등의 은퇴 연금 포트폴리오를 다시 조정하는 것이 필요할 듯하다.

헤지펀드와 투자의 다양화

기록적인 눈폭풍 등으로 즐겁지 않은 날들이었지만 금융시장에는 연일 봄소식이 오고 있다. 미국 주식시장은 지난 1월에 많이 올라 조금은 시름을 덜게 하고 있다.

주식 가격 상승의 원동력인 기업의 수익이 불황 이전으로 회복을 한 상태이다. 하지만 주식 가격이 불황 이전으로 회복하기 위해서는 30%는 더 올라야 한다.

예측하기 어려운 시장에서는 주식이 아닌 다른 것에 투자하는 전문가들이 많다. 며칠 전 뉴욕 시내 옐로우캡의 면허 가격이 서울 강남의 중형 아파트 가격인 9억 원에 거래된다는 기사가 났다. 10년 전에 주식투자 대신에 택시 면허를 샀다면 주식보다 열 배의 수익을 낼 수 있었다 한다. 주식만이 아닌 다양한 투자대상을 찾아야 할 때가 온 것이다. 미국에서의 투자 중 주식이나 뮤추얼펀드에의 투자는

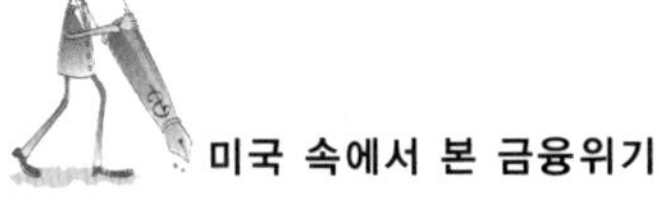

매일 거래되는 투자 거래 중 10%도 안 되는 것이다. 이것은 투자 거래를 하는 증권시장 회사 가치에도 나타나 있는데, 가장 크다고 알고 있는 뉴욕증권거래소—한국과 달리 사설 기업임—와 기술주 중심으로 거래하는 나스닥시장의 가치 합계는 시카고에 있으며 선물, 옵션, 스왑 등 각종 파생상품을 주로 거래하는 시카고상품거래소의 주식 가치의 절반 정도이다. 이것은 그만큼 주식 이외의 거래가 많이 활성화되었다는 증거인 것이다.

이런 다양한 투자를 많이 하는 것으로는 헤지펀드가 있는데, 이것은 뮤추얼펀드와 달라 정부 규제를 거의 받지 않음으로써 주식 이외의 투자를 많이 하고, 또한 뮤추얼펀드 매니저들의 고정적인 연봉과 달리, 철저하게 성과에 근거한 연봉을 줌으로써 더 많은 연구를 하게 만드는 헤지펀드 매니저들의 연수입을 보면 더 잘 알 수 있다. 얼마 전에 나온 자료에 의하면 이번 불황을 예측 투자하여 2008년 일 년에 4조 원에 가까운 기록적인 수입을 올렸던 뉴욕의 폴슨 헤지펀드의 폴슨이 2010년에는 기록을 갱신하여 한국 최고의 기업가들이었던 삼성의 이병철 회장이나 현대의 정주영 회장이 평생 동안 번 수입보다 많은 6조 원에 이르는 수입을 일 년에 벌었다 한다. 이러한 수익은 단순히 주식에 투자해서는 올릴 수 없다. 이들은 다양한 대체 투자를 하는 것으로 알려져 있다. 다음에는 보다 구체적으로 이들이 하는 투자를 알아볼 기회가 있을 것이다.

자수성가 부자들 헤지펀드 매니저

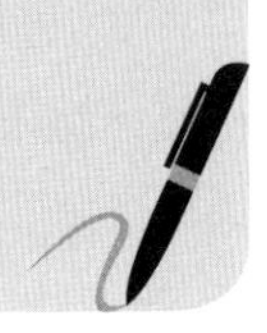

미국 10대 부자 중 6명이 부모로부터 물려받은 부자인 반면에 자기 자본 없이 자수성가한 큰 부자들을 보니 그중 많은 것이 헤지펀드 매니저들이었다. 헤지펀드 매니저 중 최고 부자가 된 존 폴슨을 보니, 개별 주식이 아닌 요즈음 유행하는 ETF에 투자를 하였고 그중에서도 금 ETF에 많은 투자를 하여 큰돈을 벌었다. 그가 2008년도에 모기지 채권 가격의 폭락을 예상하고 공매를 하여 큰돈을 번 것을 생각하면 우리도 일반적인 주식투자보다는 다양한 투자대상에 눈을 돌려야 할 때가 아닌가 싶다. 그러나 요즈음 크게 부각되는 인사이더 트레이딩(내부자 거래) 스캔들을 보면 아직도 큰 투자자들이 위법적으로 정보를 이용하고 있으니 그러한 정보에 접근할 수 없는 우리들로서는 그들과 경쟁하는 데 한계가 있을 것이다.

다음으로 이번에는 폴슨에게 1위 자리를 내주고 2위가 되었지만

오랫동안 헤지펀드계 최고의 자리에 있던 조지 소로스는 영국 파운드화에 투자하여 하루에 10억 달러를 벌었는데 그도 개별 주식보다는 외환거래에서 주로 돈을 벌었다 한다.

MIT 출신답게 수학적 모델을 이용하는 것으로 유명한 제임스 사이먼도 개별 주식을 사고파는 것보다는 컴퓨터를 이용해 소위 말하는 아비트라지(프리 런치) 수익을 찾는데, 전환사채나 선물거래에서 주로 기회를 찾는다고 한다.

필자가 작년에 코네티컷 스탬포드에 있는 그의 회사에서 만났던 스티브 코헨은 35% 이상의 이익수수료를 부과하는 데도 많은 투자자들이 그에게 돈을 맡기려고 기다리고 있다 한다. 그는 11세부터 월 스트리트 저널을 읽고 옵션투자로 투자를 시작했다 한다.

줄리아드 음대에서 피아노의 전신인 합시코드를 전공하고 베토벤, 브람스, 바하 등 유명 음악가들의 악보 원본 등을 구입하여 기부한 것으로도 유명한 브르스 코브너 헤지펀드 매니저는 콩 등 농산물 선물거래에 투자하여 15배라는 놀라운 수익을 올렸다 한다.

이렇듯 자수성가한 헤지펀드 매니저들은 개별 주식보다도 옵션, 선물, 채권, 외환거래 등에서 많은 수익을 올렸다니 우리들도 투자 대상을 넓혀야 할 것이다.

이제는 중국을 봐야 보인다

어느덧 대학교 졸업 시즌이 다가왔다.

몇 해 전 동료 교수가 뉴욕에 있는 공과대학 졸업식에 갔는데 개인들 이름을 불러 주는 박사학위 수여자들의 행사에서 한 학생이 졸업식에 참석한 부모 친지들의 기립박수에 가까운 열광적인 박수를 받았다는 이야기를 들었는데, 그 이유는 그 학생이 특별히 더 우수한 학생이라서가 아니라, 전에 불린 많은 학생들이 모두 생소한 외국 이름이었던 데 비해 미국식 이름을 가진 학생이기 때문이었다는 것이다. 그만큼 현재의 미국 대학교의 대학원 과정에는 외국 학생들이 많다. 필자의 학교도 대학원 과정의 공과대학에는 많은 인도 학생들이 있고, 경영대학원은 중국에 있는 대학이 아닌가 착각을 할 정도인 것이다.

이렇듯 많은 유학생들은 후일 그 나라의 위상을 높여 왔다. 중국

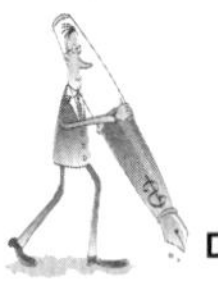

과 인도 유학생들은 후일 그 나라의 경제를 강하게 할 것이다.

중국의 경제적 부상은 모든 사람들이 느끼고 있다. 여기에 요즈음의 국제 경제 뉴스를 보면 국내총생산이 15조 달러인 미국 다음이 6조 달러인 중국으로 10여 년 후에는 미국을 제치고 세계 제일로 올라서리란 예측이다.

이러한 징후는 여러 곳에서 나타나는데, 작년에는 중국이 미국의 전성기 당시인 1,600백만 대를 능가하는 1,700백만 대의 자동차를 팔아 세계 최고의 자동차를 판매한 나라가 되었다. 그 여파로 우리는 기름값의 상승을 겪고 있는 것이다. 요즈음은 불황기에도 전 세계적으로 자원 가격이 많이 오르고 있는데, 그 이면에는 중국이 원인을 제공하는 것이 많다고 한다. 그러니 중국을 이해하는 것이 세계 경제의 흐름을 예측하는 데 많은 도움이 되는 것이다.

이러한 현상은 국제 무역시장에서도 나타나 2009년까지도 거의 없었던, 무역거래의 중국 화폐 결제가 2010년에는 5,000억 위안으로 오르더니, 금년에는 1조 위안 이상이 될 것이라 한다. 이미 중국 정부가 3조 달러의 외국 채권을 보유하고 있고, 국제채권시장에서도 달러로 지급하는 양키 본드나, 일본 엔화로 지급하는 사무라이 본드와 달리, 중국 화폐인 위안으로 지급하는 속칭 드래곤 본드의 발행이 작년부터 급속히 늘고 있는 것이다. 이제는 대세로 떠오르는 중국과 친하게만 지낼 것이 아니라 그들의 흐름을 정확히 파악하는 것이 비즈니스에서 중요한 변수가 된 것이다.

다시오는 기회, 이번에는 꼭…

지난주 목요일 아침 요즈음 유행하는 소셜 네트워크 회사 링크드인(LinkedIn)이 기업공개(Initial Public Offering: IPO)를 하였다. 한국에서는 공모주 청약이라고 하는데, 성장을 위한 자금 조달을 위해 처음으로 주식시장에 주식을 파는 것을 의미한다. 최근 한국에서는 스크린 골프회사인 골프존도 성공적으로 마쳤다. 요즘 유행하는 소셜네트워크회사인 페이스북(Facebook)이 개인들을 이어주는 네트워크인 데 비해 링크드인은 개인과 회사를 이어주는 역할을 해 젊은이들이 직장을 구하고, 회사가 인재를 고용할 때 이용하는 것이다.

옛날과 같이 직장을 찾는 사람들이 회사를 찾아다니고 회사에 이력서를 보내는 대신, 링크드인이라는 회사의 웹사이트에 이력서를 올려 직장을 찾는 것이다. 이 회사가 사업을 키우기 위한 자금 조달을 위해 기업공개를 한 것이다. 항상 있어 온 기업공개, 또한 회복되

고 있는 미국 경제의 흐름을 타고 늘어나는 기업공개, 별로 특별할 것 같지 않으나, 이번 링크드인의 기업공개는 뉴 밀레니엄의 기대에 부풀어 나스닥 기술주 중심 주식시장이 사상 최고점을 찍었던 시기와 비슷한 현상을 보이고 있다. 그런 점에서 이것은 또 다른 기회의 시작으로 보인다.

기업들은 기업공개를 하기 며칠 전 예상 판매 가격을 발표하고 대부분의 경우 그 가격에 판매되는데, 이번 링크드인의 경우는 32달러의 예상 판매 가격을 발표했다가 며칠 뒤 실제 판매 가격은 40%나 높아진 45달러에 기업공개를 하였다. 이러한 현상은 10여 년 전 기술주 열기가 불었던 2000년에는 흔히 있었으나, 최근 10년간은 볼 수 없었던 현상이다. 한 예로 그 당시 지금의 스마트폰의 효시로 볼 수 있는 팜(Palm) 컴퓨터의 기업공개 예상 판매 가격이 16달러였으나 며칠 뒤 실제 판매 가격은 두 배인 32달러였다. 이러한 현상이 다시 나타난 것이다.

필자도 별로 관심이 없었는데, 링크드인의 기업공개 며칠 전 한 학생이 링크드인의 기업공개를 질문해, 3년 전 있었던 크레딧카드 회사 비자와 작년에 있었던 자동차 회사 GM의 경우를 소개하고, 일반적으로 기업공개 시에는 참여해 거래 첫날에 팔면 보통은 며칠 사이에 20~30% 정도의 수익을 올릴 수 있다고 이야기하였다.

그래서 학생들에게 링크드인 기업공개에 꼭 참여하고, 많은 욕심 부리지 말고 거래 첫날 점심식사 전에 팔고 맛있는 점심식사를 즐기라고 충고한 뒤 수업을 마쳤지만 조금 불안해졌다. 그런데 기업공개 당일 아침 기업공개를 하자마자 주가는 인상된 판매가 45달러의 두 배인 90달러로 거래를 시작하여 점심식사 전인 12시경, 세 배에 가까운 123달러까지 오르는 것이었다. 일단 안심은 하였는데 점심식사 전에 팔라고 하였는데 오후에 더 오르면 어떡하나 불안해졌다. 필자에게는 다행히도 점심 후에는 다시 주가가 내려 94달러에 장을 마쳤고, 다음 날도 93달러로 거래됐다.

이렇듯 기업공개 시에는 거래 첫날에 대부분의 수익이 발생하는 것이다. 물론 예외도 있었다. 구글의 경우인데, 구글은 대부분의 기업공개가 기관 투자자 등 큰손들 위주로 주식을 파는 데 반해, 인터넷 경매를 통해 소액 투자자들에도 똑같이 기회를 준 관계로 많은 기관 투자자들이 기업공개 후에 주식을 사들이느라, 첫날 이후에도 계속 올라 석 달 뒤에는 첫날 가격의 두 배까지 올랐던 것이다. 다음은 널리 알려진 페이스북의 기업공개가 올 것인데, 이번에는 많은 소액 투자자들이 기회를 꼭 잡을 수 있었으면…

새로운 투자 방식 '커버드 콜'

오바마 대통령이 불황이 끝났다고 선언한 지 2년이 지났지만 아직도 실질 경기는 좋아지지 않고 있다고 아우성이다. 새로 대학을 졸업하는 학생들도 마땅한 직장을 찾지 못해 애쓰는 것을 주변에서 많이 보게 된다. 조금의 여유 자금을 갖고 있는 분들도 은행이자는 너무 낮아 예금을 하고 싶지 않다 하고, 그렇다고 주식시장에 투자를 해도 조금 올랐다가는 다시 내리는 횡보를 하니 별로 소득이 없다 한다.

필자가 마침 한국을 방문하고 보니 한국의 금융시장도 최근에는 미국과 비슷하게 움직여 낮은 은행 이자율에 주식시장은 게걸음을 하고 있는 것이다. 마침 친구들이 오랜만에 만난 필자를 환영한다고 만든 모임에서도 이러한 금융시장에서 미국 투자자들은 어떠한 투자 방법을 쓰는지 물어 왔다. 한국에 오기 얼마 전 미국의 월 스트리트 저널에도 소개되어 필자가 수업시간에 소개를 하였더니 작게나마 몇몇 학생이 따라하여 수익을 얻었다고 좋아하던 것이 기억나 모임에 나온 분들에게 소개를 하였다.

이 방법의 장점은 주식시장이 많이 오르거나 내리지 않아 투자자들이 수익을 내지 못할 때도 수익을 낼 수 있다는 장점이 있으며, 단순 옵션투자만이 갖는 위험을 많이 줄였다는 장점도 있다. 그래서 이 투자기법의 이름도 '커버드 콜(Covered Call)'인데, 이는 콜옵션만을 투자할 때의 위험을 보여주는 이름 중 하나인 '네이키드 콜(Naked Call)'과 달리 위험을 막아 준다는 '커버드'를 앞에 붙여 콜옵션을 보호해 준다는 뜻으로 '커버드 콜'이라 부르는 것이다.

이 방법은 주식이나 인덱스 ETF 등을 이미 보유하고 있거나, 혹은 새로이 구입한 뒤에 그 주식이나 인덱스 ETF 등에 해당하는 콜옵션을 파는 것이다. 그러면 우선 콜옵션 금액만큼, 보통 한 주당 몇 달러의 수익을 얻으니 갖고 있는 주식의 손익 분기점을 주식만 투자할 때보다 낮추는 효과도 있다.

콜옵션은 그것을 사는 사람에게 일정한 만기일(미국은 매달 세 번째 금요일이고 한국에서는 매달 두 번째 목요일)까지, 해당 주식이나 인덱스 ETF 등을 미리 정한 행사 가격(스트라이크 가격 혹은 엑서사이즈 가격이라 부름)에 살 수 있는 권리를 주는 것이니, 만약 만기일까지 해당 주식의 가격이 미리 정한 행사 가격까지 오르지 않을 경우 해당 옵션은 무효가 되고 옵션을 살 때 지불한 모든 가격은 판 사람이 갖게 되므로 '커버드 콜' 투자자의 수익이 되는 것이다.

만약 해당 주식이 만기일에도 행사 가격까지 오르지 않으면, 해당

콜옵션은 자동적으로 무효화되니, '커버드 콜' 투자자는 이미 어느 정도의 소득을 올리게 되고, 주식은 그대로 소유하고 있으니 다음 달에도 새로운 콜옵션을 팔아 새로운 '커버드 콜' 투자를 하여 또 다른 소득을 매달 올릴 수도 있을 것이다.

그렇다고 '커버드 콜'이 장점만 있는 것은 아니다. 단점이라면 만약 주식 가격이 많이 올라 만기일 전에 행사 가격 이상이 되면, 콜옵션을 산 투자자가 행사 가격보다 오른 주식을 행사 가격만을 지불하고 가져가는 것이니 손해를 볼 것 같지만, 이 경우에도 '커버드 콜' 투자자가 돈을 잃는 것이 아니라 수익을 내는 것이다. 왜냐하면 주식을 산 가격보다 높은 행사 가격에 파는 것이기 때문이다. 고로 이 경우에도 손해를 보는 것이 아니라 단지 주식만을 보유했던 것보다는 덜 버는 것이다. 하지만 이런 경우는 주식 가격이 아주 많이 오를 때만 발생하므로 이러한 경우를 줄이고 싶으면 높은 행사 가격의 콜옵션을 팔면 되는데, 이 경우에는 '커버드 콜' 투자자가 파는 콜옵션 가격이 낮아지니 매달 올릴 수 있는 수익이 줄어들 것이다. '커버드 콜' 투자의 성공은 콜옵션을 높은 가격에 파는 것인데 옵션 가격은 주식시장이 오르내림을 많이 하는 경우에 높아지니, 변동성이 높을 때 더 높은 수익을 얻는 투자 방법이기도 하다.

새로운 투자
'인버스'와 '레버리지'

얼마 전 방학을 맞아 한국을 다녀왔더니 투자의 귀재 워렌 버핏이 부실 부동산 모기지 문제로 금년 들어서만 50% 이상 하락한 뱅크 오브 아메리카의 주식에 50억 달러 이상을 투자한다는 소식이 들려 왔다. 이에 미국 증권시장이 하루에만 25% 이상 올랐고, 미국 중앙은행 총재 버냉키의 경기 부양책 소문에 주식시장은 따라 올랐다.

그런데 계속 나오는 경제 뉴스들은 오바마 정부의 불황은 끝났다는 발표와는 다른 지표들이 나오고 있다.

최근 달 고용지표는 수십 년 만에 처음으로 단 한 개의 일자리도 추가하지 못하여 불황 때의 실업률 9.1%를 유지하고 있으니 1,400만 명이 넘는 실업 서민들의 고통은 벌써 3년 넘게 지속되고 있는 것이다. 우리의 후세에 막대한 부담이 될 수도 있는, 지난 두 번의 양적완화정책을 통해 2조 달러가 넘는 돈을 풀었는데도 소비자들은 모

두 아직도 힘들어 하고 있다. 그러나 일부에서는 표정 관리를 할 정도로 돈이 넘쳐난다고 한다.

최근 분기의 미국 대기업의 순이익 규모가 사상 최고인 2조 달러를 기록했다 한다. 정부가 푼 돈들이 서민 가계로 가지 않고 금융비용 저하의 혜택을 통해 기업으로만 간 것이다. 그런데도 불안한 경제 전망으로 기업들은 늘어난 이익을 고용을 늘리는 데 쓰지 못하고 기업 내에 보유하고 있는 것이다. 상황이 이렇다 보니 기업 주식에 투자하는 것이 간접적으로라도 혜택을 받는 방법일 것이다.

한국에서도 많은 사람들이 투자에 참가해 증권계좌의 수가 사상 최고인 대한민국 성인 2명당 1개 꼴이라 한다. 필자가 지난달 서울을 방문했을 때도 주식 투자 열기는 미국을 능가하는 것 같았다. 미국에 사는 분들도 아무런 제약 없이 한국 주식에 투자할 수 있고, 거기에 더해 한국의 원화가 강해지고 있으니 지금 투자한다면 주식에 의한 수익 외에 환차익을 통해 더 높은 수익을 올릴 수 있을 것이다. 거기에 더해 대한민국은 미국과 달리 주식 투자로 얻어지는 자본 이득에 대해 세금을 면제해 주고 있는 것 또한 매력적이라 할 것이다.

그러면 한국에서는 어떤 것들에 많은 투자를 하고 있을까? 한국 최고의 주식 삼성전자가 많은 거래금액을 기록하고 있지만, 삼성전자를 제치고 거래 금액 면에서 1, 2위를 하는 것들이 있다. 인버스 인덱스 ETF와 레버리지 인덱스 ETF들이 거래 금액에서 1, 2위를 하고 있는 것이다. 인버스는 주식시장이 내려갈 때 수익을 내게 해 주는 것이고, 레버리지는 수익이 날 때 남들보다 2배로 내게 해 주는 것이다. 미국에서는 2배를 넘어 3배의 수익을 내게 해 주는 ETF도 있으니, 이제는 주식이 올라갈 때 남들보다 더 빠르게 수익을 낼 수 있는 방법이 있는 것이다. 또한 주식이 내려갈 때 가만히 기다리기보다는 인버스에 투자해 수익을 낼 수 있으니, 이제는 언제라도 주식이 내리거나 오를 때 수익을 낼 수 있는 방법이 있는 것이다.

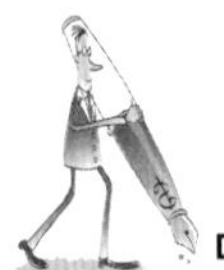

돈에 돈을 투자할 때다

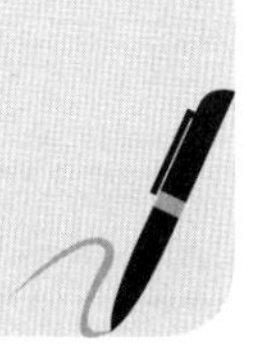

은행에 돈을 넣고 이자를 받는 것은 수익을 낸다기보다는 은행원들 보너스만 늘려 준다고 월 스트리트 등에서 연일 데모를 하고 있다.

여기에 고용시장도 지난달 10만 개 이상의 일자리가 새로 생겨났는데도 실업률은 그대로인 9.1%다. 10만 개의 일자리는 1%인 미국 인구의 자연 증가율로 필요한 일자리 증가에 불과하기 때문이다. 주식시장도 애플이 스티브 잡스의 타계로 인한 후광효과로 조금 오르고 구글 등 몇몇 기업을 제외하고는 우리에게 친숙한 스프린트 전화회사, 코닥 필름회사, 아메리칸 항공 등이 파산 직전에 있고 펜실베이니아의 주도 해리스버그도 파산을 신청했다는 소식도 들린다.

또한 한때 오르기만 하던 금값도 거품 논란이 들면서 많이 내린 상태다. 그러면 여윳돈을 투자할 곳은 어디일까? 얼마 전 미국 상원에서는 중국의 위안화를 절상시키는 것을 유도하도록 오바마 정부에

압력을 가하는 법안도 통과시키고 미국의 무역 적자가 별로 변하지 않았는데도 중국과의 무역 적자가 계속 확대되고 있다는 뉴스도 나왔다. 이러한 상황에서 중국이 자국 제품을 싸게 하는 화폐 가치 절하는 하기 어렵고 자국 제품의 가격을 올리는 효과가 있더라도 위안화를 절상시키지 않을 수 없다고 강의를 하였더니, 한 학생이 그러면 중국 돈을 사놓으면 가격이 올라 이익을 얻을 수 있지 않느냐고 질문을 하였다. 물론 맞는 말이다. 하지만 어떻게 이러한 좋은 기회를 살릴 수 있을 것인가?

더구나 중국 화폐에의 투자는 중국 정부가 화폐 가치를 내리지 않을 것이므로 손실을 볼 가능성이 거의 없고 단지 얼마의 수익을 얻을 수 있는가 하는 좋은 투자일 수 있다. 하지만 실질적으로 투자를 할 방법이 마땅치 않았다. 미국 달러를 들고 중국에 가서 중국 화폐를 사서 중국 은행에 예금을 해 놓는다 해도 적은 금액으로는 할 수 없고, 중국 정부의 외환 규제로 수익을 쉽게 들고 나올 수도 없다.

하지만 최근에 만들어진 ETF를 이용하면 소액 투자자들도 중국 화폐의 상승 효과를 볼 수 있고, 중국과 사업을 하는 분들도 중국 화폐의 가치 상승으로 인한 피해를 ETF를 이용해 어느 정도 막아 줄 수도 있는 것이다. 중국 화폐뿐만 아니라 스위스 프랑화, 자원 가치 상승으로 강해지는 브라질의 헤알화 등에도 투자할 수 있다. 아직은 한국 화폐에 대한 ETF는 없으니 한국 화폐 가치 상승은 아쉽게도 한국 은행에서 환전하여 예금해 놓는 방법 밖에는 없지만 조만간 한국 화폐에도 쉽게 투자할 수 있는 ETF가 나올 것이다.

새로운 투자위험, 기업공개마저도...

얼마 전 세계 최대의 소셜 커머스 회사인 그루폰(Groupon)의 기업 공개(Initial Public Offering: IPO)가 있었다. 한국에서는 공모주 청약이라고 하여, 회사 성장을 위한 자금 조달을 위하여 처음으로 주식시장에서 거래를 시작하는 것이다. 미국에서도 공모주의 경우 시세보다 싸게 제공을 해, 사면 무조건 돈을 벌 수 있다는 공식이 맞아왔다. 문제는 시장에 나오기 전에 주식을 사야 하는데, 쉽지는 않지만 발품을 팔면 충분히 많은 수익을 올릴 수 있는데도, 많은 한인 소액 투자자들이 참여를 하지 않았던 것 같다.

그루폰의 경우 필자도 주변 친구들, 필자가 가르치는 대학의 학생들에게도 관심을 갖도록 독려를 하였다. 필자를 포함하여 최근의 연구 결과는 공모주를 살 경우에는 바로 다음 날 아침 시장 개장과 동시에 파는 것이 가장 좋다고 알려져 있다. 이 점을 강조하여도 몇몇 학생들은 반신반의하는 것 같았다. 이것은 군중심리로 인해, 미처 청약을 받지 못한 투자자들이 첫날에 일시에 몰려 처음에는 주가가 급등하는 패턴에서 나온 것이다.

상장 며칠 뒤 수업시간에 혹시 참여를 하였는가 물어 보았더니 대학원 학생 중 서너 명이 참여를 하여, 어떤 외국 학생은 단 하루 동안에 일 년치 이상의 등록금을 벌었다고 좋아하였다.

그루폰도 공모 전날 한 주당 20달러에 팔았고 다음 날 시장 개장과 동시에 31달러로 뛰었다. 50% 이상의 수익이다. 단 하루 사이에 이 정도는 미국 공모주의 경우에는 많은 것이 아니고 오히려 평균적이다. 하루에 50%가 올랐으니 일 년을 기다리면 신흥 재벌(?)이 되는 게 아닌가? 답은 아니다. 그루폰 공모주를 산 다른 학생으로부터 연락이 왔는데, 3주 전 그루폰 공모주를 구입한 후 아직도 보유하고 있는데, 그루폰 주식 가격이 공모 가격(20달러) 이하인 16달러대로 떨어졌단다. 그것도 불과 한 달도 안 된 사이에, 혹시나 전반적인 주가 하락으로 인한 것인가 하여 들여다 보니, 공모시장에서 새로운 주의점이 발견되었다. 직업을 구하려는 사람들의 네트워크로 많이 이용되는 링크드인, 인터넷 라디오 업체인 판도라 모두 기업공개 후 주가가 급격히 내려가 공모가 이하로 떨어진 것이다.

앞으로도 게임업체의 1인자 징가, 인터넷의 새로운 강자 페이스북의 기업공개가 얼마 남지 않았다고 하는데, 이전보다 신중히 몇 %의 주식을 파는지 등을 파악하여 투자하고, 공모 첫날 주식을 처분하여 또 다른 위험으로부터 피하는 것이 나을 것이다.

Stock Repair

한국 금융시장은 경제 규모에 비해 거래가 활성화돼 있고, 특히 파생상품의 거래는 경제 규모가 큰 미국, 일본이나 유럽 국가들보다도 많다고 한다. 그래서 많은 국민들이 여러 형태로 투자를 하고 금년부터는 헤지펀드도 허가하고 있지만 헤지펀드는 아직도 최소 투자단위가 5억이니 서민들은 엄두도 못 낼 것이고, 또한 미국과 달리 헤지펀드 매니저들에게 많은 성과급을 금지하고 있어 미국식 헤지펀드와는 다른 결과를 낼 것 같다.

물론 많은 성과급은 펀드매니저들로 하여금 위험한 곳에 투자를 하도록 유인하는 효과가 있어 한국에서는 아직 허가하고 있지 않지만, 미국에서는 펀드매니저들이 살고 있는 집을 제외한 전 재산을 자신이 운영하는 펀드에 투자하게 함으로써 지나치게 위험한 곳에 투자하는 것을 막고 있다.

며칠 전 한국 증권회사 펀드매니저들의 성적이 발표된 적이 있어 살펴보니, 안타깝게도 대형 투자회사들을 포함하여 모두가 실망스러웠다. 더욱 실망스러운 것은 모두의 결과가 평균을 의미하는 지수보다도 못하고, 필자가 항상 강조해 온 ETF나 지수펀드들이 더 좋은 결과를 가져왔다. 또한 개별 종목 추천에서도 10개 주식 추천 중 5개의 성공도 어려웠고 국내 최대 회사의 분석가들도 심지어 10개 중 1개만 성공한 경우도 있고 대부분 10개 중 3~4개만 성공적이었다.

그들 대부분이 정량적인 기본적 분석(Fundamental Analysis)에 의지하고 기술적 분석(Technical Analysis)을 소홀히 하지 않았나 하는 생각이 든다. 모든 경제, 금융, 회계 자료를 바탕으로 하는 기본적 분석과 달리 기술적 분석은 주식가격의 흐름을 차트 등을 통해 보고 거기에 담겨 있는 투자자들의 심리를 읽으려 하는 방법이다. 한 예로 지금으로부터 십 년 전 필자가 수업 중 2003년, 2007년, 2011년은 미국의 증권시세가 오를 것이라고 예언 아닌 예언을 하였다. 필자의 근거는 미국 대통령 임기의 세 번째가 되는 해, 즉 미국 대통령 선거가 있기 전 해는 증권시장이 단 한번의 예외도 없이 올랐으므로 위의 세 개의 해도 오를 것이라고 예견하였던 것이다. 다행스럽게도 2003년, 2007년은 별 탈 없이 주식 가격이 올랐지만, 2011년은 전에 없던 심각한 금융위기의 와중이라 걱정을 하였다, 다행스럽게도 예외를 만들지 않고 미국 다우지수가 6% 이상 올라 필자의 다음 학기 수업을 걱정하지 않아도 되게 돼서 안도의 한숨을 쉬었다.

기술적 분석도 여러 가지가 있지만 가장 보편적인 것이 이동평균선(Moving Average)인데, 최근 100일간의 주식 가격의 합을 100으로

나누면 100일 이동평균이라 부르고, 다음 날엔 새 주식 가격을 더하는 대신 제일 오래된 가격을 빼고 다시 평균을 구하는 식이다. 이것을 주가 그래프에 같이 그리면 주가 그래프와 이동평균선 그래프가 만나는 지점이 생기는데, 그곳이 주식을 사거나 팔 때라는 이론이다. 그래서 나온 것이 골든크로스, 데드크로스이고 주식 가격의 대세 흐름을 파악하는 방법들이다. 계량화된 기본적 분석이 대세를 이루고 있다 하여도, 특히 기술적 분석으로 2011년도에 한국 시장에서 50% 이상의 수익을 올렸다는 투자자를 보고서는 기술적 분석을 통한 주식의 사고파는 타이밍을 잡는 것도 생각해 봐야겠다.

경제는 돌고, 돈은 또 오네

얼마 전 필라델피아에서 한국 금융인들의 모임이 있어 주변의 호텔, 음식점이나 관광거리 등을 알아봐 달라는 부탁을 받았다. 그래서 오랜만에 전화번호부의 옐로페이지를 떠올렸지만 요즈음 옐로페이지 전화번호부는 주변에서 흔히 보이지가 않는다. 심지어는 수업시간에 젊은 학생들에게 물어보니 옐로페이지가 무엇이냐고 묻는 학생까지 있었다.

요즘은 그 기능을 대신하는 것으로 YELP라는 인터넷 사이트가 있다. 많은 사람이 사용하는 구글 웹사이트로도 찾을 수 있지만 YELP에서는 장소, 전화번호, 상세 설명에 더하여 직접 이용한 소비자들의 평을 볼 수 있어 더욱 편리하고 유용하였다. 그런데 며칠 전 그 회사의 상장(IPO)이 뉴욕 증권시장에서 있었다. 첫날 하루에만 64%나 올라 투자자들이 단 하루에 많은 수익을 올렸다. 이 수익은

S&P500 지수의 지난 13년간의 수익률보다도 10% 이상 높았고, 세계 최고의 투자자 워렌 버핏이 지난 7년간 올린 수익을 단 하루에 올린 것이다.

이러한 수익은 일반 주식투자에서는 세계 최고의 투자자도 이룰 수 없는 것이고 오직 IPO라는 신규 상장 시장에서만 거둘 수 있는 것이다. 하지만 IPO에서의 이러한 기회가 항상 있는 것은 아니고 지난 2000년 전후에 기술주 붐이 일어났을 때 빼고는 한동안 기회가 오지 않았던 것이다. 그런데 요즈음 경기가 회복 기미를 보이면서 주식시장이 호황을 이루기 시작하였고, 기술주 중심의 나스닥지수는 이미 2008년 이후의 금융위기로 인한 손실을 만회하고도 더 많이 오른 상태다.

이러한 배후에는 요즘 한창 인기를 끌면서 총 주식가치로 세계 최대의 기업이 된 애플의 인기도 한몫하고 있다 하겠다. 기술주 붐이 일기 전 불과 3달러대였던 애플 주식은 15배 가까이 오른 500달러를 넘고 있다. 그 사이 기술주 붐이 꺼져 한 차례 위기를 맞았던 애플이 금융위기 이후에 다시 6배 가까이 오르는 등 다시 기술주 부활의 기폭제가 되고 있는 것이다.

그 사이 애플 주식의 총 가치는 유럽의 선진국들인 스웨덴이나 벨기에의 국민총생산보다도 많고, 세계 최대 원유 생산국인 사우디아라비아의 국민총생산보다도 많다. 심지어는 사우디아라비아가 일 년 동안의 원유 생산액으로 애플 주식을 모두 산다 해도 애플 주식의 75% 정도 밖에는 살 수 없는 것이다. 또한 요즘 세계 경제를 위협하고 있는 그리스의 모든 채무를 갚고도 남고, 미국 정부와 일부 외국 정부의 금이 보관돼 있는 뉴욕 맨해튼 중앙은행의 모든 금을 팔아도 애플 주식의 70% 정도밖에는 살 수 없다고 한다. 거기에 미국 정부가 발행한 현금 중에서 100달러 지폐를 제외한 모든 현금을 모아도 애플 주식의 절반 정도밖에는 살 수 없는 것이다.

여기에 요즈음 한창 유행하는 소셜 네트워크 서비스 업계에서 제일 유명한 페이스북이 기업공개를 하겠다고 지난달에 신고를 하여 많은 사람들을 기대감에 부풀게 하였다. 며칠 전 세계 최대의 자동차 회사 GM의 담당자를 만났는데 금년도 자동차 매출의 10%가 페이스북의 광고 등을 통한 매출이었고, 2014년까지는 그 비율이 50%까지 오를 것으로 내다보고 있다 하니, 페이스북의 광고 매출 성장세를 가늠해 볼 수 있는 것이다. 이러한 분위기를 타고 그루폰, 링크드인, 징가, 옐프 등이 성공적인 기업공개를 하였고 투자자들의 눈이 5월 초순으로 예정된 페이스북의 기업공개에 쏠리고 있는 것이다.

미국에서는 한국 등과 달리 소액 투자자들에게 기업공개 주식의 일정 부분을 할당하는 제도가 없으니 기업공개를 주관하는 투자은행에 계좌를 개설하여 적극적으로 요청하여야만 참여할 수 있는 것이다. 다시 일고 있는 기술주들의 기업공개 붐이 회복하는 경제에 따라오고 있는 돈의 흐름을 가져다줄 것이니 적극적으로 참여해 볼 만한 것이다. 또한 요사이 새로 떠오르는 소셜 네트워크 서비스 회사들인 핀터레스트(Pinterest)나 텀블러(Tumblr) 같은 회사들도 빠른 성장세로 이미 트위터나, 링크드인 같은 회사의 몇 배에 이르는 크기로 성장을 하였으니 그들도 머지 않아 기업공개를 할 것이고, 계속 관심을 가져 돌아오는 돈의 흐름을 놓치지 말아야 할 것이다.

부자의 자격 프로그램

블룸버그 뉴욕 시장이 소유한 블룸버그 회사에서 세계 40대 부호들의 리스트를 소개하였다. 세계 40대 부호들의 총자산이 1조 달러가 넘는다니 대한민국 국민과 기업이 일 년 동안 아무것도 하지 않고 놀아도 되는 어마어마한 돈이다. 40대 부호 중 1위는 우리들이 잘 아는 마이크로소프트의 빌 게이츠나 투자의 귀재 워렌 버핏이 아닌 카를로스 슬림이라는 멕시코의 기업가이다. 그는 멕시코 토착민의 후손이나 멕시코를 지배했던 스페인의 후손이 아닌 중동의 레바논에서 이민 온 이민자의 후손이다. 그의 부모들이 레바논에서 이민 와서 그를 낳았으니 이민 2세인 것이다.

카를로스 슬림은 12살에 멕시코 은행 주식을 사는 등 어렸을 때부터 경제에 대해 관심을 가졌고, 17세 때는 주급 200페소(약 15달러)를 받고 부모님의 회사에서 아르바이트를 하는 등 일찍부터 경제에 눈을 뜨더니, 멕시코가 경제위기를 겪은 1980년대 초에 가격이 많이 내려간 기업체나 부동산을 집중 매입하는 등 위기를 기회로 만든 것이다. 지금은 멕시코 통신시장의 90%를 장악하고 남아메리카의 브라질, 아르헨티나 통신 시장에서 큰돈을 벌고 있다.

한국인도 미국 이민 역사가 길어지고 2세들이 왕성한 활동을 하고 있으니 훌륭한 기업가로서 큰 부자가 나올 수 있다. 그렇다면 부자가 되는 자격 조건은 무엇일까? 한국 TV 방송에서 인기리에 방영되고 있는 남자의 자격이라는 프로그램을 보니 무엇을 이루기 위해 해야 할 조건들을 써 놓고 연예인들이 성취해 나가는 과정을 보여주고 있다. 그렇듯이 우리도 부자의 자격이라는 자체 프로그램을 만들어 본인들이 원하는 바를 위해 조건들을 적어 놓고 노력을 한다면 달성할 수 있을까? 하는 질문이 생겨 부자들을 살펴보았다.

그렇다면 부자들은 어떠한 특성을 가졌을까? 세계 40대 부호들을 보면 우리에게 익숙한 의류 유통업체인 자라(Zara)의 창업자 오르테가는 스페인 최고의 부자이고, 또 다른 의류 유통업체인 에이치앤엠(H&M)의 창업자 퍼슨도 스웨덴 최고의 부자이며, 일본의 의류업체인 유니클로(UniQlo)의 창업자 역시 일본 최고의 부자로 올라섰다. 이렇듯 첨단 기술만이 아니라 일상생활의 수요를 충족시켜 주는 아이디어로도 큰돈을 벌 수 있는 것이다.

우리도 포에버 21(Forever 21)같은 기업이 나와 있고, 식료품 유통업체인 에이치마트, 한남체인, 한양 등의 업체가 있으며, 뉴욕의 패션 스쿨에도 많은 한국 한생들이 있으니 이들 또한 큰 부를 만드는 밑거름이 될 수 있을 것이다. 또한 저렴한 가구 유통업체 이케아

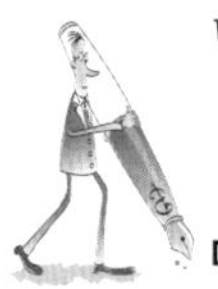

(Ikea)를 만든 캄프라드회장도 포함돼 있다.

그러나 50%가 넘는 미국의 백만장자들의 연간 소득이 상위 20%에 속하지 않고, 상위 20%의 소득을 올리는 사람 중에도 많은 수가 백만장자 대열에 들어가지 못하고 있다 한다. 이러한 결과는 백만장자가 되는 자격이 돈을 많이 버는 것보다도 적당한 소득이라도 근면하고 절약하는 습관에서 나온다고 하는 것이다. 일례로 미국의 백만장자들은 평균 저축률의 세 배가 넘는 15% 이상을 저축하고 있다는 것이다. 뉴욕 지역의 백만장자가 2위인 로스앤젤레스보다도 세 배나 많다 하니 우리도 좀 더 가능성이 많은 지역에 살고 있는 것이다.

페이스북 드디어 나왔는데...

지난 달 뉴욕 한국 금융인들의 모임에 갔더니 금년도 뉴욕 금융계의 최대 뉴스는 페이스북의 기업공개(IPO)인 듯 모두들 그 이야기를 하고 있었다. 드디어 페이스북이 유럽의 꺼지지 않은 금융위기, 중국 경제 성장의 둔화 움직임 등에도 조만간 기업공개를 하기로 발표하였다. 6년 전 인터넷의 왕자 구글의 기업공개 이래 가장 많은 사람들의 관심을 받는 기업공개답게 많은 언론 매체들이 앞다투어 보도를 하고 있다. 이처럼 좋은 기회를 놓치지 않는 것이 좋은 투자일 것이다.

페이스북이야말로 최근 유행하는 소셜 네트워크의 최대 강자이다. 20억 명으로 추산되는 인터넷 이용자 중에서 작년에 6억 명을 넘어선 페이스북 가입자가 벌써 미국 인구의 세 배인 9억 명을 넘었고, 미국 가입자 숫자만도 미국 전체 인구의 반이 넘는다. 또한 매일 이

용자 숫자도 전 세계적으로 5억 명에 이른다 한다. 여기에 광고 수입에 의존하는 페이스북의 가입자가 현재도 빠르게 성장하고 있어 많은 잠재력을 보고 모두들 마치 제2의 애플 주식을 찾으려는 듯 페이스북 주식을 사려고 하는 것이다.

미국에서는 한국과 달리 모든 사람에게 균등하게 기업공개 주식을 나눠서 파는 것이 아니라, 우수 고객에게 우선권을 주는 것이 합법화돼 있어, 이러한 좋은 기회를 갖기 위해서는 평소에 금융계좌관리를 하는 것이 유리하다. 이번 페이스북의 경우에도 벌써 많은 투자자들이 몰린다는 소식이다. 그러면 증권회사들은 우선적으로 대량구매를 하는 기관 투자자에게 우선권을 주지만, 이번에도 4분의 1은 일반 소액 투자자들에게 주식을 배정한다고 한다. 그렇다고 누구나 페이스북 주식을 쉽게 살 수 있는 것은 아니고, 증권 회사들이 정하는 우량 고객에 속하여야 하는데, 증권 회사에 따라 다르지만, 저렴한 수수료로 많은 투자자들이 이용하는 온라인 증권 회사 중에서도 예를 들어 피델리티의 경우에는 50만 달러의 잔고를 요구하고, 티디아메리트레이드의 경우에는 25만 달러의 잔고를 요구한다. 그러나 그만한 자금을 갖고 있지 않은 투자자라고 기회가 없는 것은 아니다. 이러한 회사들도 한 달에 세 번 이상 거래를 하는 고객에게는 같은 자격을 주어 페이스북 주식을 살 수 있게 하는 등, 미리 계좌 관리를 하면 얼마든지 좋은 투자 기회를 얻을 수 있는 것이다.

또한 많은 기업공개에서 보았듯이, 필자는 기업공개 주식은 배정을 받은 바로 다음 날인 거래 첫날에 팔라고 가르치고 있다. 그것도 가능하면 점심식사 전에 팔아 점심식사를 마음을 졸이지 않고 편히

하라고 가르치고 있다. 그것은 일반적으로 거래 첫날 시작과 함께 가격이 오르다가 조금씩 내려가기 때문이다. 금년도에 기업공개를 한 주식들의 절반이 벌써 기업공개 주식 가격 밑으로 거래되고 있다. 이것은 기업공개에 대한 기대감으로 처음에 주식가격이 지나치게 오른 가격에 기업공개 가격이 형성되기 때문일 것이다. 하지만 미처 주식을 사지 못한 투자자들이 거래 첫날 몰려 사려고 하기 때문에 거래 첫날 가격은 그것보다 더 오르는 것이다. 그래서 거래 첫날에 팔아 수익을 챙기는 것이 좋은 투자로 알려져 있다. 또한 많은 경우에 거래 첫날 거래량이 기업공개에서 판 물량보다도 많은 경우가 심심치 않게 있으니, 많은 기관 투자자들도 이러한 전략을 취하고 있다고 볼 수 있는 것이다.

최근에 기업공개를 한 그루폰이라는 온라인 쿠폰 회사도 많은 관심을 받아 성공적인 기업공개를 한 후 지금은 거래 첫날 기업공개 시점보다 절반의 가격으로 내려왔고, 팜빌을 만드는 징가도 몇 달 전 기업공개 시점보다 주가가 많이 내려와 있다. 또한 전에는 페이스북 이용자 대부분이 컴퓨터나 태블릿 등을 사용하였으나 요즘은 스마트폰 등의 모바일 기기로 페이스북을 이용하는 숫자가 컴퓨터를 이용하는 숫자보다 수십 배 빠르게 증가하는데, 페이스북이 아직 모바일 기기를 통한 광고 수익 모델을 갖고 있지 못한 점은 고려해야 한다. 그러므로 페이스북의 기업공개에 참여하여, 거래 첫날 파는 것이 좋고, 만약 기업공개 가격으로 페이스북을 사지 못하여 거래 첫날 주식을 살 때는 많은 주의가 필요하다.

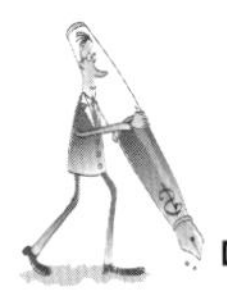

기회는 언제나 어디에나

얼마 전까지는 그래도 유럽의 금융위기가 진정될 듯하더니, 신흥 경제로 떠오르던 인도의 경제성장률이 5%로 떨어지고, 화폐가치도 최저로 떨어졌으며, 빠르게 성장하던 중국 경제마저도 둔화되는 조짐이 보여, 세계적인 원자재 수요가 감소하게 되자 풍부한 원자재 수출로 떠오르던 브라질 경제도 침체로 이어지고 있다.

며칠 전 강의에서 유럽의 재정위기를 다루는데 그리스에서 유학 온 한 여학생이 자기 나라는 억울한 면이 많다고 항변을 하였다. 원래 미국과 경쟁하고 동등한 위상을 갖고 싶어하는 독일의 꿈을 이루기 위해 유럽 국가들에게 독일과 같은 화폐인 유로를 사용하게 함으로써 독일과 같은 신용도로 국제적 자본을 적은 비용으로 들여올 수 있게 하였다. 그로 인해 독일은 유럽의 맹주로의 위상을 갖게 되고, 자기들은 그 혜택을 받아 국민 소득이 늘어나고 생활의 질을 높일 수 있었다는 것이다.

그런데 이제 와서 독일이 예전과 같은 혜택을 주지 않아, 빌린 돈의 금융 비용이 늘어 감당을 할 수 없게 된 데는 독일의 책임도 크다는 것이다. 그리하여 그리스 국민들은 자기들만 그 고통을 감수할 수는 없고 독일에게도 그 짐을 같이 지자고 하는 것이고, 독일은 그 부담을 같이하기에는 능력에 벅차 망설이고 있는 것이 현재의 유럽 금융위기인 것이다.

현재로는 유럽의 금융위기가 쉽게 해결될 것 같지 않아, 그 여파를 대비하고 어려움 속에서도 기회를 찾아야 할 것이다. 그리스, 이탈리아, 스페인은 경제 성장이 마이너스로 돌아섰고, 미국의 실업률도 다시 8.2%로 오르고, 그리스와 스페인의 실업률은 20%를 넘어섰으며 유럽 전체도 10%가 넘는 실업률을 기록하고 있다. 또한 세계 경제에 불안을 느낀 투자자들의 정부 채권 매입으로 얼마 전까지 3%대에 있던 미국 정부의 10년 장기 채권 이자율이 1%대로 내려오고, 독일, 일본, 덴마크 등의 국채 이자율은 그보다도 더 아래로 내려와 투자자들이 기업에 투자하기보다는 안전한 정부 채권을 사들여 가격을 올림으로써 이자율을 낮추고 있는 것이다.

하지만 이러한 현상들이 모두가 부정적인 것만은 아니다. 위기가 있으면 항상 거기에는 기회가 있다는 속담이 말해 주듯, 미국에서는 부동산 경기 침체로 30년 고정 모기지율이 4% 이하로 내려오고, 15년 고정 모기지율은 3% 이하로 사상 최저치들을 기록하고 있으니, 주택 매입의 좋은 기회이고, 또한 기존 모기지의 재융자에도 좋은 기회인 것이다. 또한 원자재 가격 하락으로 원유 가격이 빠르게 하

락하여 소비자들의 부담을 줄여 주고 있다. 투자자들에게는 불황기에 소비자들이 좀 더 저렴하고 실용적인 것을 찾을 것이므로 월마트 같은 기업이 덕을 볼 것이다. 그래서 월마트는 애플, 엑슨-모빌, 마이크로소프트에 이어 미국에서 네 번째로 큰 기업이 된 것이다.

또한 부동산 시장의 침체로 이사를 하지 않으니 가구업계는 물론 냉장고, 세탁기 등의 가전제품의 매출도 많이 감소하고 있다. 하지만 절약을 위해 커피를 집에서 만들어 먹기 위하여 커피메이커를 많이 구입하여 일부에서는 때아닌 호황을 이루고 있다. 일례로 작년 전체 가전제품의 매출이 5% 이상 감소하였음에도 커피메이커 매출은 15%의 성장을 하여 미국에서만 2조 원 가량의 매출을 기록하였다.

이렇듯 경제가 나빠도 다른 한편으로는 그것이 또 다른 기회를 만들어 주고 있는 것이다. 얼마 전 발표에 의하면 전 세계에 약 천만 명의 백만장자가 있는 것으로 나왔는데, 금융위기 전인 2007년도의 숫자와 비교해 약간 늘어난 것으로 나왔다. 유럽에는 5년 전과 같은 310만 명, 미주에는 10만 명이 늘어나 340만 명이고, 아시아는 280만 명에서 330만 명으로 가장 많이 늘었다.

백만장자들의 자산 운용을 보니 아시아와 미주 유럽이 차이를 보였는데, 서구의 백만장자들이 안전 자산을 선호해 국채 등에 투자한 반면 아시아의 백만장자들은 공격적으로 투자를 하고 있다 한다. 이렇듯 아시아의 부자들은 위기를 기회로 삼아 더 많은 자산을 늘린 것이다.

잡, 잡, 잡 어디에...

며칠 전 뉴욕의 금융업에 종사하는 분들의 모임에 나갔더니 화제는 역시 경제회복이었다. 오바마 대통령이 불황은 끝났다고 선언한 지도 2년이 넘었지만 주변의 한인들은 물론 많은 미국인들도 아직은 실감을 못한다는 얘기가 많다. 거기에 의료개혁법의 대법원 합헌 결정으로 현재 의료보험을 갖고 있지 못한 많은 한인들에게는 새로운 부담이 될 것이다. 하지만 금융업계는 불황을 느끼지 못하고 있는 것 같고, 심지어 일종의 표정관리를 하는 느낌을 받았다. 한 예로 금융계 고액 연봉에 대한 비난이 높자, 직원들의 보너스를 반으로 줄이고 대신에 기본 연봉을 대폭 올려 수입에 별로 변화가 없다고 한다.

통계적으로도 미국 대표 500대 기업의 금년도 이익을 보면 한 주당 105달러를 예측해 미국 역사상 가장 높은 이익을 올릴 것으로 전망되고 있다. 불황이었던 2009년도에 60여 달러였던 것이 많이 오른

것이다. 불황 전의 2003년도의 55달러와 비교하면 거의 두 배 수준으로 기업들의 실적이 좋아진 것이다. 그러니 정부는 불황이 끝났다고 주장하는 것이다. 그리고 이것은 주식 가격에 반영되는 것인데, 미국 주식의 절반 이상을 상위 1% 부자들이 소유하고 있고 90% 이상의 주식을 상위 10% 부자들이 갖고 있으니 일반인들에게는 별로 도움이 되지 않는 것이다. 일반인들에게는 무엇보다도 고용시장의 회복이 중요한데 실업률은 9%가 넘던 불황기보다는 낮지만 아직도 8.2%이고 부시 대통령 호황 시절의 4%에 비하면 많은 고통을 주는 실업률이다.

요즘의 기업들은 고용을 줄이고, 비용을 절감하고 효율을 높여서 현재의 최고 수익을 내고 있는 것이고, 한 번 없어진 일자리는 새로 늘리지 않고 자동화, 아웃 소싱 등으로 해결해 왔다. 그렇다면 현재 일자리가 없는 분들이나 앞으로 고용시장에 나올 분들, 혹은 새로운 비즈니스를 하려는 분들도 새로운 일자리가 창출되는 곳을 찾아야 한다. 며칠 전 나온 통계를 보니 지난 20년간 꾸준하게 일자리가 늘어나고 지난 2007년 이후 불황기에도 유일하게 일자리가 늘고 있는 분야는 퍼스널 서비스 직종이란다. 최근 통계를 보면, 고학력이나 고급 기술을 요구하는 직종의 일자리는 약간 감소하였고, 중간 정도의 숙련을 요구하는 직종은 지난 2007년 이후 12%나 감소하였음에도 퍼스널 서비스 분야는 이번 불황기에도 일자리가 늘어난 것이다. 또한 MIT에서 나온 연구자료에도 불황에 가장 강한 직업군으로 퍼스널 서비스를 꼽고 있다. 예를 들어 식재료를 준비한다든지, 환자를 돌보는 것, 또한 많은 한인이 종사하고 있는 미용업, 네일 살롱 등의 직종이 여기에 포함될 것이다.

또한 오바마의 의료개혁법이 통과돼서 의료 서비스 회사들도 새로운 비즈니스를 늘릴 것이니, 이곳이 새로운 일자리를 많이 창조해 낼 분야인 것이다. 이것은 기계를 이용하여 자동화하기도 힘들고, 아웃 소싱도 가능하지 않기 때문에 인구가 늘면서 계속 일자리가 늘어날 것이니, 직업의 안전성도 좋은 편이다.

한 예로 Physician Assistant라는 분야가 있는데 간호사가 의사를 단순히 돕는 직업이라면, 이것은 의사를 도와 환자를 진료, 치료까지 하는 새로운 분야로 각광을 받고 있다. 최근에는 명문 예일대학교에도 이런 프로그램이 만들어졌고 필자가 근무하는 브리지포트대학에도 새로 생겼는데 입학 담당자의 이야기로는 매년 많은 학생들이 지원을 하고 있고 심지어는 다른 분야에서 박사학위를 소지한 사람들도 이 직업의 장래성을 보고 지원하는 경우가 있다고 한다.

이렇듯 퍼스널 서비스 분야는 직업으로서 또한 비즈니스 투자처로서 앞으로 많은 각광을 받을 것이다. 또 한 가지 흥미로운 것은 지난 10년간 뉴욕 지역의 인구분포를 보면 아시안이 100만 명을 조금 넘었는데 아직은 타 민족에 비해 조금 적으나, 인구 성장률에 있어서는 히스패닉계 인구가 지난 10년간 8.1% 늘어난 데 반해 아시안은 무려 31.8%의 증가율을 보였고 이런 추세는 계속 되리라 한다. 그것에 반해 뉴욕의 백인 인구는 지난 10년간 2.8% 감소하였고, 흑인 인구는 그보다 많은 5.1%나 감소하였다 하니, 한인들도 비즈니스의 타깃을 흑인이나 백인을 위한 비즈니스에서 좀 더 아시안을 위한 서비스로 옮겨야 할 것이다.

주식은 정말 끝났는가?

며칠 전 세계 최대의 채권시장 펀드 핌코를 운영하는 빌 그로스(Bill Gross)가 "주식은 이제 죽었다. 이제는 더 이상 주식시장에서 바이 앤 홀드 전략으로는 우리가 누렸던 연간 10%대의 수익은 얻지 못할 것이다."라고 주장하였다. 그 이유로는 이제는 국민총생산의 성장률이 두 자리 숫자는 커녕 3%도 힘든 시대가 왔고, 주식시장이 경제 성장률 이상으로 계속 성장할 수는 없기 때문이라고 하였다. 한 예로 1999년에 다우지수가 10,000을 처음 돌파하였는데 10년 뒤인 2009년에는 더 내려갔고, 금융위기를 고려하더라도 지난 10여 년간 미국 주식시장도 매년 2%의 성장 밖에는 하지 못한 것이다.

부동산지수인 케이스-쉴러 부동산지수로 유명한 예일대학교의 로버트 쉴러 교수가 2000년도의 인터뷰에서 10년 뒤의 미국 다우지수 예측을 10,000이라고 하여 필자를 포함한 많은 사람들이 놀라고 반신반의 했었는데, 지금 와서 보니 역시 혜안이 있지 않았나 생각이 든다.

그렇다면 빌 그로스의 예측대로 주식시장을 떠나야 하는가? 그것은 아니다. 좀 더 선택적으로 투자를 해야지, 예전처럼 주식을 사서 그냥 오랫동안 갖고 있으면 많은 수익을 얻을 수 있던 시대는 갔다는 것이다.

이러한 와중에도 금년에만 50% 내외의 수익을 올리고 있는 주식들이 있다. 한 예로 원유를 처리하여 가솔린과 디젤을 만들어 팔아 우리에게 익숙한 발레로(Valero)라는 회사는 최근 하루에만 5% 이상 오르는 등 금년에만 30% 이상 올랐다. 또한 웨스턴 정유는 금년에만 75%, 홀리 프란티어 정유는 60%, 마라톤 오일은 45%, 우리와 더 친숙한 수노코도 주가가 40%가 올랐다. 이러한 정유처리 회사들의 평균을 나타내는 지수도 금년에 40% 가까이 올랐다. 다른 우량주들이 한 자리 숫자의 성장을 한 것에 비하면 대단한 수익인 것이다.

그러면 이러한 결과가 단순히 원유 가격이 올라 나타난 것인가? 그것은 아니다. 금년 들어 원유 가격은 약 10% 정도 하락하였다. 그렇다면 이들은 어떻게 많은 수익을 내어 주가의 상승을 가져온 것인가? 해답은 원유 가격의 차이에 있다. 미국의 정유 처리 회사들은 미국 텍사스산 원유를 주로 쓰는 데 반해, 국제적으로 런던에서 거래되는 브렌트산 원유 가격은 배럴당 17달러 정도 비싸지만 휘발유나 디젤유로 처리하여 팔면 비슷한 가격을 받으니 원가 면에서 미국 회사들이 유리한 것이다.

이에 반해 주로 브렌트산 원유를 쓰는 프랑스의 토탈 정유 회사,

스위스의 페트로플러스, 스페인의 렙솔, 이탈리아의 에니 등은 원가 압력으로 고전을 하는 것이다. 하지만 미국산 원유가 언제나 더 싼 것은 아니고 경제 상황이 바뀌어 미국의 수요가 늘어나고 유럽의 수요가 줄면 역전될 수도 있으니 그때는 반대의 결과도 올 수 있는 것이다. 그러므로 이러한 정보를 활용하면 일반적인 주식시장의 수익률보다 많은 수익을 올릴 수 있다.

여기에 더하여 최근 수년간 원유 가격이 많이 상승하였음에도 천연가스의 가격은 많이 내렸는데, 그것은 미국에서 새롭게 개발 생산하기 시작한 셰일가스의 대량 생산으로 인해 미국에서의 천연가스 수요가 많이 줄었기 때문인데, 미국 정유 회사들은 값싼 셰일가스를 천연가스 대용으로 씀으로써 한 가지 이득을 더 얻고 있는 것이다. 이런 이유로 웰스파고나 오펜하이머드의 투자 분석가들도 이 분야의 투자를 권하는 것이다. 이렇듯 일반적인 주식시장의 침체기에도 항상 새로운 정보를 얻어 분석한다면 기회는 많이 있을 것이다.

잔인한 달은? 4월? 9월?

뮤지컬 캣츠로도 유명한 영국작가 엘리엇의 황무지란 시에 '4월은 잔인한 달'이라는 말이 있다. 미국 증권시장에는 1월 효과라 하여 연말에 주식을 사서 다음 해 연초에 파는 것이 다른 어떤 달의 투자보다도 수익이 좋다는 것은 잘 알려져 있다. 하지만 증권시장에서 9월은 잔인한 달이라는 것은 잘 알려져 있지 않다. 지난 수십 년간 미국에서는 일 년 열두 달 중 9월의 투자 수익률이 가장 나빴으며, 지난 100년 중 유일하게 주식 가격이 오른 연도보다 내린 연도가 58%로 더 많았고, 월평균도 유일하게 마이너스 1.1%로 내려간 달이었다.

하지만 증권가에서는 소문에 사고 뉴스에 팔라는 속담처럼 나쁜 소식이 좋은 소식이라는 속담이 있다. 경제에 나쁜 소식이 나오면 주식 가격이 오르는데, 그 이유는 나쁜 경제를 살리기 위해 정부가 경기 부양책을 내 놓을 것이고 그것은 유동성을 풍부하게 해 주식

가격을 오르게 한다는 것이다.

미국의 경우에도 많은 투자자들이 미국 중앙은행 총재 버냉키의 입에 귀를 기울이고 있는데, 그가 대통령 선거를 앞두고 미국 경제를 살리기 위해 제3차 양적완화를 할 수 있다는 생각에서다.

이 양적완화가 경제에 미치는 효과에 대해서는 평가가 다르지만 민주당이든 공화당이든 투자자들의 입장에서는 공통점이 있다. 그것은 2009년의 1차 양적완화 뒤 3개월 후, 2010년의 2차 양적완화 뒤 3개월 후, 그리고 2011년에 시행된 오퍼레이션 트위스트정책의 3개월 뒤의 주식 가격이 매번 상당히 상승했다는 점이다.

미국 정부가 고려하는 양적완화정책이 경제에 대량의 자금을 공급하는 정책이기 때문에 주식 가격이 상승하는 것이다. 주식 가격의 상승은 재산 가치의 상승을 가져와서 결국에는 국민 복지에 도움이 된다는 이론을 주장하는 사람도 있으나, 그것은 자산 구조를 들여다봐야 하는 것이다.

미국에서는 상위 20%의 92%가 주택을 보유하였고 하위계층은 38%가 주택을 소유하고 있는데, 주식 소유를 보면 상위계층의 90% 가까이가 주식을 보유하여 혜택을 보지만 하위계층은 단지 10%만이 주식을 소유하고 있다. 또한 상위 10% 부자들이 미국 전체 부의 75%를 갖고 있으니 이러한 정책의 혜택은 제한적이다. 그러므로 주식보다는 주택시장을 통하는 것이 공평하게 분배하는 것일 것이다. 그래도 중국의 자산 분배를 보면 10년 전에 중국 상위 10%가 중국 부의 40%를 소유하였으나, 지금은 87%의 부를 소유하고 있다니 중국보다는 낫다 하겠다.

하여튼 투자자들의 입장에서는 잔인한 9월을 조심하면서 양적완화 같은 정책이 나오는 기회를 잘 포착하는 것이 투자 성공의 길일 것이다.

참으로 다양한 투자

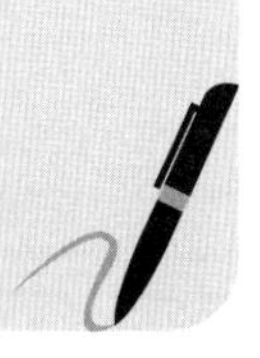

얼마 전 무역업을 하는 지인을 만났더니 필자가 뉴욕에서 오래 살았으니 금년 겨울에 뉴욕 지역에 눈이 많이 올 것인지 아닌지를 지난 경험으로 예측해 달라는 부탁을 받았다. 지난 겨울에는 뉴욕 지역에 눈이 많이 오지 않아 지방정부들이 예산이 많이 남아 지금 그 돈을 도로 개보수에 사용하여 평소보다 많은 도로공사가 진행 중이라 중소 토목, 건설 업체들이 호황을 이루고 있다 한다.

필자의 지인은 이번에 눈이 많이 올 것 같아 가격이 싼 바위소금(암염)을 뉴욕 지역 지방정부에 팔기 위해 외국으로부터의 수입을 계획하고 있었다. 비즈니스의 세계는 참으로 다양한 경험과 지식을 수익으로 바꾸는 작업인 것 같다. 하지만 이러한 비즈니스는 사업을 하는 분들에게는 가능한 일이나 일반 투자자들은 그러한 지식이나 정보가 있더라도 그것을 수익으로 바꾸는 일은 쉽지 않다.

그러나 요즈음의 월 스트리트는 모든 정보와 지식을 수익으로 바꿀 수 있는 상품이 많이 개발되어 활용되고 있다. 예를 들어 뉴욕에 눈이 많이 올 것으로 예상되면 비즈니스맨들은 소금을 수입한다든지 눈에 관계되는 용품을 수입한다든지 하여 수익을 낼 수 있지만 일반 투자자들은 증권시장을 통하여 눈의 양을 예측하는 파생상품에 투자하여 수익을 낼 수 있을 것이다. 이러면 어떤 사람들은 무슨 복권이나 도박쯤으로 생각하기도 하는데, 이것은 일반 주식이나 채권과 달리 모든 파생상품들이 언제나 누군가 1,000달러의 수익을 내면 상대편은 반드시 1,000달러를 잃는 제로섬 게임이라 그런 오해를 받는 것이다.

한 예로 레스토랑 체인점, 큰 소매업 또는 여행업 등을 하는 사업가는 겨울에 눈이 많이 오면 매출이 줄어 수익에 상당한 타격을 입을 것이다. 하지만 눈이 많이 오면 수익을 주는 파생상품에 투자해 놓으면 일반 비즈니스에서 입는 피해를 이러한 기후 파생상품으로 보존할 수 있는 것이다. 물론 눈이 많이 오지 않을 경우에는 손실을 볼 것이나 그것은 일반 영업이익이 늘어남으로써 감당할 수 있는 것이다. 또한 파생상품은 초기 투자금액은 작고 수익이 날 경우는 큰 수익을 낼 수 있는 구조로 돼 있어, 이것은 우리가 생활하면서 사는 자동차보험이나 의료보험으로서의 역할을 하는 것이다.

이러한 기능으로 파생상품은 일반 투자자들에게는 수익을 낼 수 있는 기회를 주고 비즈니스를 하는 사업가들에게는 사업의 보험 기능을 제공하는 상품으로서의 사회적 기능을 하고 있는 것이다.

부동산 소액 투자

뉴욕 맨해튼 최고의 상업 지역인 5애비뉴의 50~60가의 상업용 렌트는 1평방피트에 3,000달러에 이르고, 조금 아래 42~49가도 800달러를 호가한다. 서부 최고의 상업 지역인 할리우드 로데오 거리의 렌트가 400달러인 것과 비교하여도 엄청난 상승이다. 여기에 중부 아이오와주의 농장 가격도 평상시 1년 렌트의 15배 정도 수준이던 것이 지금은 1년 렌트의 31배 이상으로 오르고 있다.

이렇듯 미국 경기의 상승과 함께 오르려고 하고 있는 부동산 시장에 동참을 하자니 많은 돈이 들테고 조금의 여윳돈을 부동산에 투자하고 싶은 투자자들에게는 그림의 떡일 것이다. 하지만 요사이는 조금의 여윳돈으로도 부동산에 투자할 수 있는 길이 여럿 있다. 물론 적은 돈으로 사무실의 유리창이나 현관 몇 개에 투자하라는 이야기가 아니다.

전에도 소개한 바와 같이 미국에는 ETF(Exchange Traded Fund)라 하여 뮤추얼 펀드와 비슷한 개념이지만 보통의 뮤추얼 펀드와 달리 증권시장에서 거래되는 일반 주식처럼 언제나, 하루에도 몇 번씩 사고팔고 할 수 있는 것이 있다. 이런 ETF 중에 부동산에 특화된 것들에 투자하면 실물 부동산에 투자하는 것과 똑같은 효과를 낼 수 있는 것이다. 그중에는 사무실 건물에 특화된 것, 공장 부지, 창고 혹은 쇼핑몰에 투자하는 부동산 ETF들도 있으니 투자자의 취향과 예측에 맞춰 얼마든지 고를 수 있는 것이다. 그리고 일반 주식과 같이 한 주의 가격이 수십 달러 정도이니 일반 주식에 투자하는 것과 같은 금액으로 얼마든지 부동산에 투자할 수 있는 것이다.

여기에 집이나 부동산에 투자할 때 일반적으로 일정 부분을 다운페이하고 나머지를 은행에서 대출받아 하면 전부 투자자의 돈으로 하는 것보다 더 많은 수익을 낼 수 있는 것이다. 그래서 ETF 중에도 미리 돈을 대출받아 만들어 놓은 레버리지 ETF 혹은 3X ETF라는 것들이 있는데 이러한 것들은 수익이 날 경우, 부동산 가격 상승분의 세 배의 수익을 주는 것이다. 물론 항상 좋은 것만은 아니다, 만약에 예측이 틀려 부동산 가격이 하락한다면 세 배로 손해를 볼 수 있으니 말이다. 벌써 코헨 스티어스 부동산 ETF, 다우 존스 부동산 인덱스 ETF, 산업용 건물 인덱스 ETF 등은 지난 일 년간 30% 이상의 수익을 올리고 있다.

만약에 주식 가격의 하락을 예측하면 남의 주식을 빌려 지금 높은 가격에 팔고 나중에 가격이 내려가면 싼 가격에 다시 사서 돌려 주는 공매를 하지만, 부동산 시장에서는 남의 건물을 빌려서 지금 높

은 가격에 팔고 나중에 싸게 사서 돌려 주는 것은 할 수 없으므로 부동산 ETF를 이용하면 주식처럼 부동산의 공매도 가능한 것이다. 이렇듯 요즈음의 금융시장은 여러 가지 상품이 나와 있고 여러 가지 기법이 있으니 조그마한 지식과 정보라도 항상 수익으로 연결시킬 수 있는 방법이 있는 것이다.

뜨는 경제, 지는 경제

새해의 미국 경제는 오바마 정부의 최대 숙제인 실업률이 7.7%로 내려왔지만 새로운 일자리의 창출보다는 금융위기 동안 구직을 포기한 2.5%의 인구가 실업률 하락에 더 많은 영향을 준 것이다. 경제가 회복될 때 이들이 다시 직업을 찾으려 하면 실업률 하락은 더딜 수밖에 없을 것이다.

또한 중국, 독일에 이어 수출 3위로 1.5조 달러에 달하는 미국 수출의 상당 부분을 차지하는 유럽 경제를 보면 유럽 경제의 말썽꾸러기 PIGS(Portugal, Italy, Greece, Spain)들의 국내총생산액이 금융위기 전보다 6% 이상 하락한 상황에서 내년도의 경제성장률 전망도 밝지 않은 상황이다. 여기에 미국 국내총생산의 70%에 달하는 미국 내 소비를 보면 이번 연말 시즌에 소비가 조금 늘었다고는 하나 아직 만족할 만한 수준은 아니다. 일례로 미국 중산층 소비 지출 중

6%를 차지했던 외식비가 아직도 5%에 머물고 있는 등 일반적인 소비를 늘리고 있지는 않다. 뉴욕의 소비자들은 아직도 일주일의 점심, 저녁 14번의 식사 중 18번 이상 외식하던 것을 6번 정도로 줄인 습관을 유지하고 있다는 것이다.

하지만 미국 경제는 그래도 희망적인 징후가 나타나고 있다. 미국 산업의 중요한 축인 자동차 산업의 경우, 1년에 1,600만 대를 팔던 지난날에는 못 미치지만 2009년의 850만 대에서 지금은 1,430만 대의 판매율을 보이고 있다. 또 주택시장에서도 옛날의 연 120만 채 신규 주택 건설에는 못 미치나 2010년의 30만 채 신규 주택 건설이 지금은 40만 채 이상의 건설을 하는 등 회복을 보이고 있다. 여기에 미국 중앙은행이 최소한 2014년까지는 모기지 이자율을 계속 낮게 유지함으로써 건설 경기를 유지하려고 하고 있다. 하지만 주택 경기는 동북부보다는 중서부에서 먼저 회복되고 있어 뉴욕에서는 아직 그 열기를 느끼지 못하고 있는 것이다.

얼마 전에는 10년 전에 필자에게서 수업을 듣고 졸업한 한국 학생이 필자의 동네로 이사를 와 만났더니 뉴욕의 의류섬유시장에서 자기 사업을 시작했는데 경기가 좋아지는 것을 피부로 느끼고 있다고 하였다. 그런 와중에 뉴스를 보니 작년에 세계에서 재산이 가장 많이 늘어난 부호는 의류업의 강호 스페인 자라(Zara)의 아만시오 오르테가 회장으로 투자가 워렌 버핏을 넘어서 세계 3위 부호가 되었다고 한다. 또한 맨해튼 5번가의 렌트를 올려놓는 것이 의류 회사들의 매장이라 하니 의류 산업의 부흥을 느낄 수 있다.

하지만 모든 회사들의 전망이 밝은 것은 아니다. 매출을 보더라도 전통의 갭(Gap) 매장의 매출이 평방피트당 386달러인 반면, 새로운 개념으로 건강, 운동을 위한 의류를 파는 룰루레몬(Lululemon) 같은 회사는 그보다 6배 가까운 매출을 같은 매장 크기에서 올리고 있다. 그렇다고 모든 스포츠 관련 회사들이 다 혜택을 받는 것도 아니다. 나이키, 아디다스 같은 회사들의 주가는 수익의 16배 정도에 거래되는 반면 룰루레몬, 언더아머, 리닝 같은 회사들은 수익의 35배에 주식이 거래되고 있다. 이것은 투자자들이 그만큼 높은 성장세를 예상해 같은 수익에 더 많은 돈을 지불하고 있는 것이다. 또한 독일 최고 부자 중 하나인 라이만 패밀리의 자산 운용가들도 최근에 미국 소비재 회사들의 인수에 적극 나서고 있다. 이들은 벌써 지미 추 같은 고급 구두 회사, 매니큐어 등으로 유명한 OPI 회사를 거느리고 코티 파운데이션을 만드는 코티 화장품 회사를 인수하였는데 계속 인수를 확장하려 한다는 소식이다.

이것은 이제까지 중국의 값싼 노동력에 밀려 고전하던 미국 제조업 회사들이 중국 경제의 완만한 성장, 고임금, 부동산 거품, 중국화폐의 절상, 미국의 사회적 분위기 등으로 다시 미국으로 돌아오려는 분위기와 연결돼 있는 것이다. 이렇듯 미국 경제가 아직은 완전히 회복되지 못하였지만 정부의 양적완화정책 등으로 나아지고 있으니 미리 선별하여 투자를 준비한다면 좋은 결과가 있을 것이다.

그동안 오바마 정부의 금융 양적완화정책으로 금리가 최저 수준에 이르고 채권 가격은 많이 올랐으니, 이제는 채권 가격은 오르기보다는 서서히 내릴 것이다. 그러므로 갖고 있는 채권투자를 다른 것으로 전환하거나 공매 등의 시기를 봐야 할 것이다. 채권투자의 기본

단위는 백만 달러이나 소액 투자자들을 위한 채권 ETF도 여러 가지가 있다. 채권투자에서 활용해야 할 투자 수단은 듀레이션(Duration)이라고 하는 개념인데, 이것은 이자율 변동에 채권 가격이 얼마나 변동하느냐 하는 것을 % 개념으로 수량화한 것이다. 한 예로 듀레이션이 8이라면 이자율 1% 변동에 채권 가격은 8% 변한다는 것이다. 모든 채권의 듀레이션이 다르니 좀 더 적극적인 투자자는 큰 듀레이션 채권 ETF에 투자하면 좀 더 많은 수익을 올릴 수도 있다. 참고로 만기가 길수록 듀레이션이 크고 쿠폰이 작을수록 듀레이션, 즉 변동성이 큰 것이다. 그러므로 30년 만기 제로 쿠폰 채권이 듀레이션이 가장 큰 것이다.

거기에 2013년은 미국 대통령의 첫 번째 임기가 시작되는 해인데, 1900년대 초반 이래로 미 대통령 임기 첫해에는 주가가 평균보다 못한 성적을 내 왔으므로 채권투자에 대한 관심을 갖고, 독자들의 개인 포트폴리오나, 401K 등의 은퇴 연금 포트폴리오를 다시 조정하는 것도 좋을 것이다.

지금은 네 개의 바스켓으로

요즈음 필자는 평소보다 많은 이메일을 받는데, 특히 졸업한 학생들로부터 평소보다 많은 이메일을 받고 있다. 필자는 자동차나 전자산업 등에서 하고 있는 애프터 서비스라는 개념을 필자의 강의에 이용하고 있는데, 그것은 필자의 강의를 들은 학생들은 7년간은 무료로 필자의 상담을 받을 수 있게 하는 제도이다. 그래서 일부의 졸업생들은 졸업 후에도 무료 상담을 하려고 이메일을 보내오곤 한다. 그런데 대부분의 무료 상담은 증권투자에 대한 상담이다. 그것이 요사이 부쩍 늘어난 것이다. 이것은 현재의 미국 증권시장의 영향일 것이다.

지난달 미국 역사상 최고의 금액이 주식펀드시장으로 몰렸다 한다. 그것의 영향으로 미국 윌셔 5000이라고 하는 지수는 벌써 2007년 가을에 세운 금융위기 전의 최고치를 뛰어넘는 사상 최고치를 벌

써 여러 번 경신했다. 그리고 우리에게 친숙한 다우지수나 S&P 500 지수들도 사상 최고치에 근접해 있다.

증권시장에서 주가가 20% 이상 오르면 황소를 상징하는 불마켓, 20% 이상 내리면 곰을 상징하는 베어마켓이라 부르는데, 이번 불마켓은 2009년의 저점으로부터 47개월째 지속되고 있고 벌써 120% 이상 오른 상태이다. 물론 불마켓 또한 영원히 계속될 수는 없는 것이다. 역사적으로 불마켓은 평균 56개월 동안 지속됐고 그동안 160%의 상승을 가져왔다. 가장 약한 불마켓인 1966년부터 1968년에는 26개월 동안 48%가 올랐고 최고의 불마켓인 1990년부터 2000년 사이에는 113개월 동안 417%가 올랐지만 그때는 2000년 밀레니엄에 대한 환상에 IT 산업에 대한 지나친 기대로 인한 버블효과였던 것이다.

그러니 지금이라도 미국 주식시장에 들어가면 어느 정도의 수익을 낼 수 있다고 보는 것이다. 여기에 1982년부터 1987년까지의 불마켓 동안 주식 최고치 경신은 152번 있었고, 1990년부터 2000년 사이의 불마켓 동안에는 308번의 최고치 경신이 있었으니, 이제부터 보게 될 최고치 경신을 보고 아직도 투자가 늦지 않았다고 보는 것이다. 그래서 학생들의 주식투자에 대한 관심이 늘고 있는 것이다.

학생들이 아르바이트 등을 하여 모은 돈의 상담을 받을 때는 그 돈의 소중함을 알기에 더욱 조심을 하여 상담을 하게 되는데, 필자가 강의를 할 때 모든 교과서들이 소개하는 "모든 계란을 하나의 바스켓에 담지 말아라."라는 분산투자의 격언은 이미 모든 투자자들이 알고 있는 것인데 그 원리는 하나의 주식이 잘 안될 때 다른 주식이 잘됨으로써 전체적인 투자 수익의 안정과 향상을 가져온다는 것인데 그러려면 통계학에서 말하는 상관계수가 마이너스이거나 아니면 상관계수가 1보다 현저히 작은 주식을 선택하라는 것이다. 하지만 요즈음은 옛날과 달리 거의 대부분의 주식들의 상관계수가 높다. 대다수의 주식들이 같이 움직인다는 것이다. 그래서 분산투자를 하여도 별 도움을 못 받는 것이다. 한 예로 지난번 금융위기 때는 거의 모든 주식들이 폭락을 하여 분산투자의 효과 없이 모두 내려갔다. 그래서 새로 나온 기법 중 하나는 투자를 네 개의 바스켓에 나눠 담으라는 것인데, 첫째는 호황기에 잘하는 주식, 둘째는 불황기에 잘하는 커머디티 같은 상품, 셋째는 인플레이션이 심할 때 잘하는 투자상품, 즉 인플레이션보장채권(TIPS), 넷째는 디플레이션일 때 잘하는 투자상품, 예를 들면 미국 국가채권에 투자를 하라는 것이다. 전에는 이러한 분산투자가 소액 투자자들에게는 여러 제약으로 불가능하였으나, 이제는 모든 투자상품이 ETF 형태로 개발되어 소액 투자자들도 쉽게 네 개의 바스켓 투자를 할 수 있는 것이다.

이제는 준비할 때

이번 학기에도 투자론 강의에 학생 일인당 백만 달러의 가상의 돈을 주고 실제 주식을 사고파는 연습을 하는 숙제를 내준 뒤 얼마전 중간 점검을 하였다. 다른 모의투자보다 많은 돈을 주고 연습을 시키는 것은 미국 주식의 53%를 상위 1% 부호들이 소유하고 있고, 90% 이상을 상위 10% 부유층이 소유하고 있으니 주식 가격은 그들의 심리에 의해 움직이는 것이다. 그리고 실제로 자산의 정도에 따라 투자 형태가 다르다는 연구 결과들도 있다. 적은 돈을 갖고 있을 경우에는 상당히 위험한 투자를 선택하여 단기간에 두 배를 벌거나 아니면 거의 모든 것을 잃는 투자도 서슴치 않고 택하지만 어느 정도의 자산이 있을 경우에는 투자자들이 좀 더 신중해지는데, 현실에서는 신중한 투자자들이 더 높은 수익을 내고 있는 것이다.

역시 예상한 대로 학생들의 포트폴리오에는 백만 달러가 거의 전부 주식에 투자되어 있었다. 요즈음 미국 주식시장은 다우지수가 사상 최고치를 연일 경신하는 활황장세이니 학생들도 가상의 돈이긴 하지만 늘어나는 주식 가치에 모두 흐뭇해하고 있었다. 하지만 이것은 이번 학기 시작 후에 투자를 시작한 타이밍 효과가 크다. 지금은 미국의 거의 모든 주식이 오르고 있는 불마켓인 것이다. 다시 말해 미국 증시가 연일 최고치를 경신한다지만 이것은 6년 전에 투자한 투자자들이 그동안의 손실을 회복하고 본전이 됐다는 뜻이다.

이렇게 주식투자만을 하여서는 은퇴 자금 등의 장기투자에서는 은퇴하는 시기의 주식시장에 따라 노후 자금의 많고 적음이 정해지는 등 문제가 있어 일정 부분은 채권투자를 권하고 있다. 그래서 많은 투자자들이 채권에도 투자하고 있고, 지난 몇 년간 미국 주식시장이 베어마켓에서 고전할 때에도 채권투자로 상당한 수익을 거둬 안정적인 수익을 낼 수 있었다. 이것은 채권의 특성상 채권 가격은 이자율이 내리면 오르고 반대로 이자율이 오르면 내리게 돼 있는 것에 기인한 것이다.

며칠 전 미국 채권왕이라는 핌코의 빌 그로스를 비롯하여 블랙 락 등의 투자 전문가들이 채권 포트폴리오를 조정하기 시작했다는 뉴스가 나오고 있다. 물론 아직은 이자율이 오르지 않을 테니 채권 가격이 금방 떨어지지는 않겠지만 얼마 후 다가오게 될 이자율 상승에 대비하여 채권투자의 손실을 방어할 때가 오는 것 같다. 하나의 예로 연방준비은행이 기준 금리를 3%에서 5%로 2% 올렸던 1994년 한 해에 30년 만기 미국 국채의 가격이 24%나 하락하여 많은 손실을 본 것이다.

물론 채권의 손실률은 이자율 하락에도 듀레이션이라고 하는 것에 따라 정도의 차이는 있지만 모든 채권 가격이 내려가는 것이다. 듀레이션이 큰 채권들이 더 많이 올랐으니 더 많이 내릴 것이다. 만기가 길수록 듀레이션이 크고, 또한 이자 배당인 쿠폰이 작을수록 듀레이션이 큰 것이다. 즉 30년 만기의 제로 쿠폰 채권의 경우는 듀레이션이 30으로 이자율 1% 상승에 30% 가격 하락을 가져와 2% 기준금리가 오른다면 무려 60%의 가격 손실을 볼 것이다. 물론 지난 몇 년간은 이자율이 내렸으니 듀레이션이 큰 채권들이 많은 수익을 가져다줬다.

그러면 이자율이 제로에 가까우니 오직 오르는 것만 가능한 현재로서는, 첫째로 채권의 금리를 고정식이 아닌 변동금리의 채권으로 보유하거나, 둘째로 갖고 있는 채권 포트폴리오의 듀레이션을 낮추는 재구성을 하거나, 셋째로 인플레이션에 따라 금리가 변하는 TIPS(Treasury Inflation Protection Securities)에 투자를 하거나, 넷째로 채권선물을 팔거나 채권스왑 등을 하여 위험을 감소시키는 헤징을 하여야 할 것이다. 금년 초에 채권선물을 판 투자자들은 연초에만 선물에서 3% 정도의 수익을 몇 주만에 얻었는데 이것은 장기 채권을 일 년 동안 보유하여 얻는 수익보다도 많았던 것이다. 최대 채권 보유 펀드인 핌코도 벌써 듀레이션을 1 정도 줄였다 하고 변동금리에 투자하는 펀드에는 지난주 최고의 돈이 몰렸다는 뉴스들이 나오고 있으니, 한인 투자자들도 은퇴 연금 등에 갖고 있는 채권 포트폴리오를 다시 한번 살펴봐야 할 때인 것이다.

은행들이여,
쿠오 바디스(Quo Vadis)?

한국은 최초의 여성대통령 취임에 이어 북한의 핵 위협으로 시끄럽더니 최근엔 윤창중 전 청와대 대변인 사건으로 시끄럽다. 미국은 자동차 회사들이 살아나고 부동산 가격도 회복되며 다우지수 등 주식시장은 연일 최고치를 경신하고 있다는 등 좋은 경제 뉴스들로 가득차 있는 중에 벌써 대학교들은 졸업 시즌을 맞고 있다.

필자와 같이 대학교에 있는 분들은 졸업 시즌이 되면 가장 염려되는 것 중의 하나가 제자들의 취직 문제이다. 그런데 좋은 경제 뉴스로 밝을 것 같은 졸업생들의 취직 문제가 별로 좋지 않다.

특히 필자가 가르치는 파이낸스 전공 학생들은 금융계로 많이 진출하는데, 지난 일 년간 미국의 네 개 대형은행인 시티, 제이피모건, 뱅크 오브 아메리카, 웰스 파고 등의 주식 가격은 적게는 30%, 많게는 90% 가까이 올랐으니 당연히 금융권 경기가 좋아 많은 신입사원을 뽑을 것으로 예상했는데 현실은 그렇지 않은 것 같다.

며칠 전 금융계 모임에 갔더니, 요사이 은행 주가들의 고공 행진에도 불구하고 감원이 일어나고 있다는 것이다. 6,600여 개의 지점을 소유한 웰스 파고 은행, 6,100여 개의 뱅크 오브 아메리카, 5,200여 개의 제이피모건 등은 지점의 개수를 오히려 작년에만 각 200개 가까이 줄였다는 것이다. 대형 은행임에도 시티 은행은 기업금융 위주의 정책으로 지점 수가 천 개 밖에 되지 않아 별로 영향을 받지 않고 있다 한다. 최근의 은행 주식 가격의 상승은 수익 증가로 인한 것이지만 은행들의 수익 증가는 비즈니스의 성장이라기보다는 인건비 절약 등의 비용 절감을 통한 것이 많다. 그러나 인원 감축이나 비용 절감에는 한계가 있으니 은행들도 새로운 수익 창출에 많은 고민을 하고 있다는 것이다.

통계를 봐도 지난 몇 년간 은행 예금은 1조 달러의 증가를 가져와 벌써 9조 달러가 넘는다. 반면에 은행들의 수익 창구인 모기지는 2008년에는 미국 국내총생산을 넘는 15조 달러에 육박하던 것이 이제는 모기지 심사 강화 등으로 인하여 13조 달러를 약간 넘고 있다. 여기에 미국 중앙은행에서 출구 전략으로 그동안 사들인 3조 달러가 넘는 미국 채권을 팔기 시작할 것을 고려하고 있다는 이야기도 나온다. 그러면 채권 가격은 떨어져 당연히 이자율은 오르고 예금에는 지금보다 더 높은 이자를 지급하여야 하나 모기지의 대부분이 고정 이자율이라 이자율을 높여 받을 수 없으니 상업 은행들의 수익성은 더 나빠질 수밖에 없는 것이다.

그래서 뱅크 오브 아메리카는 벌써 주택 모기지 시장 점유율을

20%대에서 시티 은행과 비슷한 5%대로 내렸고, 제이피모건도 12%대의 시장 점유율을 10%로 내려 놓았다. 하지만 웰스 파고는 아직도 30% 가까운 주택 모기지 시장 점유율을 갖고 있다.

그래서 최근의 주식 가격을 보면 총주식 가격 기준으로 최대 은행이면서 30% 가까운 주택 모기지 점유율의 웰스 파고는 주가가 20% 정도 오르고, 10% 시장 점유율의 제이피 모건은 40% 오른 반면 5%의 비교적 낮은 주택 모기지 점유율의 뱅크 오브 아메리카와 시티 은행의 주가는 90% 오른 것이다.

여기에 몇 년간 정책적으로 낮게 유지돼 온 모기지 이자율 덕분에 많은 사람들이 이미 모기지 재융자를 하여 모기지 시장에서 많은 부분을 차지하는 재융자가 계속 줄어들고 있는 것이다. 그래서 부동산 시장이 조금씩 활기를 찾아 신규 모기지가 늘어남에도 모기지 활동 지수는 2006년도의 500 가까이에서 2010년 200대로 내려온 이후로 아직도 오르지 못하고 있고 앞으로도 상당 기간 오르기 힘들어 보이니 상업 은행들의 수익 창출은 어려워지는 것이다.

여기에 이번 금융위기 사태로 전 세계가 공감대를 형성한 은행들의 위험자산에 대한 투자 규제 움직임으로 바젤협약을 강화하는 바젤협약 Ⅲ가 조만간 시행될 것이라 은행들은 새로운 수익 창출원을 찾아 매일 연구에 바쁘다는 것이다. 그러므로 투자자들도 이제는 은행들에 대한 투자에 있어 새로운 시각으로 주택 모기지에 덜 의존하는 은행들을 선택하여야 할 것이다.

새로운 투자를 찾아서

요사이 필자 학교에도 많은 중국 대학원 학생들이 있어, 강의를 할 때 중국에 관한 정보와 지식이 많은 도움이 되는데, 마침 중국의 새 대통령 시진핑의 새 정책과 변화에 대하여 중국 교수들이 발표하는 세미나가 있어 다녀왔다. 중국인들의 자긍심과 긍지가 많이 느껴졌는데, 이제는 미국과 당당히 맞설 수 있다는 자신감이 중국인들 사이에서 생겨나는 것 같았다.

미국이 현재의 금융위기를 극복하기 위해 엄청나게 발행하는 정부 채권을 중국 정부가 많이 사 주어 미국이 금리를 올리지 않고도 비교적 쉽게 자금 조달을 해 왔다. 그런데 조금씩 변화가 나타나고 있다. 한때 중국 정부 외환 보유고의 70%를 미국에 투자해 왔던 중국 정부가 이제는 50% 이하로 그 규모를 줄이고 있다. 미국 중앙정부 채권인 티본드(T-bond)에 대한 투자는 30%대로 내려왔다. 이제는 미국에 대한 의존에서 더 벗어나 세계를 향한 대국으로의 발걸음처럼 보였다.

이러한 중국의 도움으로 미국 정부는 통화팽창정책을 인플레이션과 고금리의 부작용 없이 행하여 왔는데 이제는 그러한 정책효과에도 변화가 올 것이다. 지난 1949년이나 1982년 미국 경제 회복기에는 국내총생산이 매년 6.6% 정도씩 성장하였고 주식시장은 그 기간 중 매년 15% 정도 성장하였다. 하지만 2009년에 시작된 이번 회복기에는 경제는 3.4% 성장했지만 주식시장은 25%씩 성장하는 결과를 가져왔다. 증가한 통화가 경제 성장보다는 주식투자 등에 사용된 것이다.

미국 정부 발표에 따르면 미국 기업들이 고용을 많이 늘려 이번 금융위기로 사라졌던 900만 개의 일자리가 회복되어 200만 개의 일자리만 사라진 상태다. 그중 금융위기 전보다 일자리가 많이 늘어난 산업은 식당 등 요식업종이다. 하지만 문제는 고용의 질로써, 많은 신규 일자리가 정규직보다는 파트타임 비정규직이라는 데 있다. 거기에는 오바마의 새로운 의료 개혁으로 인한 비용 부담을 줄이려는 고용주들이 풀타임 고용을 회피하는 것도 한몫을 하고 있다. 이렇듯 경제가 조만간 질적으로 개선되지 않는다면 현재의 주식시장 활황장세는 조정을 겪을 수밖에 없다. 물론 버냉키 의장이 지휘하는 중앙은행이 통화를 줄이는 출구전략을 조만간 시행하지는 않는다 해도 전과 같이 중국이 미국 채권을 많이 구매하지는 않을 것이므로 채권 가격 하락으로 인한 이자율 상승 등의 부작용이 심해질 것이다.

또한 1957년 이후의 미국 주식시장은 평균적으로 9월이 가장 저

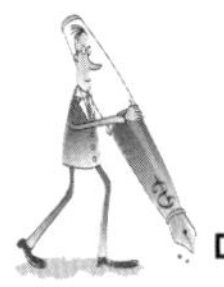

조한 성적을 보여 주식시장이 내려가는 유일한 달이었고, 8월도 성과가 가장 나쁜 달 중의 하나였으니 당분간의 주식시장에서 더 주의를 기울여야 하겠다. 하지만 1월 효과 등으로 연말 연초에는 가장 좋은 성과를 거두어 왔다. 여기에 그동안 80% 이상의 연관 효과를 보였던 미국 주식시장과 기타 국가의 상관계수가 40%대로 따로 움직이는 현상을 보이고 있어 미국 주식시장이 세계의 흐름과 다르게 움직이고 있는 것이다.

그래서 나오는 대체투자의 하나로 상품투자가 있는데, 부유해진 중국인들이 더 많은 돼지고기를 사들여 돼지고기 국제 가격이 올해 들어 20% 이상 올랐고, 돼지고기 선물 거래량이 처음으로 소고기 선물 거래량을 능가하게 되었다. 여기에 세계 1, 2위의 새우 생산 수출국인 태국, 베트남 지역에 해산물 바이러스의 영향으로 생산량이 40% 이상 줄어 새우 가격의 폭등을 예상하고 투자하는 투자자도 있다.

또한 전통적으로 금시세의 60분의 1 가격에 거래되던 은의 가격이 금 가격의 40분의 1인 온스당 35달러까지 올라 은을 매도했던 투자자들도 은이 다시 금 가격의 60분의 1 이하인 19달러로 떨어져 상당한 수익을 거뒀다 한다. 원유 투자자들은 미국 텍사스 원유 가격이 중동 브렌트 원유 가격보다 25% 싸게 거래될 때 투자를 하여 두 원유 가격이 비슷해진 지금 많은 수익을 얻는 등 주식 이외에도 많은 투자 기회가 있는 것이다. 한편 주식에 투자를 하는 투자자들도 이제는 뮤추얼 펀드에서 돈을 빼 펀드 매니저 비용이 거의 없는 지수펀드나 ETF에 투자하는 경향을 보이고 있으니 독자들도 이제는 다시 한번 다양한 투자에 나설 때인 것 같다.

미국은 제2의 전성기로

한국을 방문하여 미국 밖에서 미국을 바라보니 미국 내에 있을 때보다 미국 위상의 변화 조짐을 더 느낄 수 있었다. 미국이야 항상 세계 최고였으나 중국의 급격한 성장에 눌려 상대적으로 쇠퇴하는 것이 아닌가 생각해 왔는데, 변화 조짐이 있는 것이다.

제조업에서의 미국의 경쟁력이 이제는 중국을 곧 앞설 것이라 한다. 최근에는 미국 일자리 40만 개를 없애고 중국 등으로 떠났던 섬유 산업이 다시 미국에서 되살아날 조짐이다. 미국 남부에서 500명의 새로운 일자리를 창출하며 만드는 1킬로그램 섬유실의 원가가 중국의 4.13달러보다 낮은 3.45달러라 한다. 그러니 새로운 패션의 메카로 떠오르는 뉴욕과 함께 어우러져 미국 패션 섬유 산업의 전성기를 가져올 수 있겠다. 많은 한인들이 뉴욕의 봉제산업을 떠났지만 다시 한번 뉴욕에서 한인 의류산업의 부활을 기대해 볼 수 있겠다.

미국의 실업률은 7%에 머물고 있고, 잠재 실업률은 그보다 훨씬 높으니 소비자들은 뉴스에 나오는 미국 증권시장의 최대 활황, 높은 경제 성장률을 피부로 느끼지 못하고 있는 것이다. 역사적으로 증권 시장이 약 9개월의 시차를 두고 실물 경제를 앞서 갔으니 가을쯤에는 소비자들도 피부로 느끼는 경기회복세를 기대해 볼 만하다. 또한 불황에서 나오며 첫 4년간의 경제 성장이 평균 18.9%였으나, 이번 회복기에는 아직 10% 밖에 회복을 못하였으니 더 많은 성장을 기대해 볼 만하다.

그동안 미국의 경제 회복을 위하여 미국 정부에서 새로 찍어낸 돈들이 실물 경제보다는 금에 대한 투자 등으로 이어져 전 세계 54조 달러인 증권시장 가치의 3분의 1 이상을 미국 기업이 차지하는 등 증권시장의 활황만 이루었는데, 이제는 2,000달러 가까이 갔던 1온스당 금값이 1,200달러 아래로 내려와 금 투자에 대한 열기가 많이 식어간다. 금에 대한 투자는 2004년 말 새로 생긴 금에 대한 펀드가 붐을 이루어 2013년 초에 1,400톤 가까이를 금에 대한 펀드가 소유하는 과열을 가져왔으나, 이제는 700톤 정도로 금에 대한 펀드 수요가 줄어 2013년도에는 금 가격 하락이 1981년 이래로 최대인 30% 가까이 내렸다. 그러니 금 가격은 당분간 오르기보다는 더 내려갈 것이니, 새로운 투자가 실물투자로 갈 수 있는 것이다.

석유 수입 비용으로 만성 무역 적자에 시달리던 미국이 이제는 세계 최대 산유국으로 올라서 몇 년 내에 석유 수출국으로 부상할 수 있다는 보고서도 나오고 있다.

중국에서 2013년도에 기록적으로 많은 외화 반출이 있어 상당 부분 미국 뉴욕 등으로 흘러와 케이스-쉴러 부동산지수가 2008년 금융위기 시작 때로 회복했다고 한다. 이렇듯 미국 경제는 제2의 전성기를 향할 준비를 진행하고 있는 듯하다.

하지만 새로운 성장기의 열매를 얻기 위해서는 새로운 흐름을 빨리 파악하는 것이 중요하다. 1990년대 초에는 백화점 매출이 총 소매매출의 15%에 달했지만 지금은 6%로 백화점의 쇠락을 가져오면서 JC페니 백화점 주식은 주당 100달러를 육박하다 지금은 10달러 이하로 내려왔다. 요즈음 소비자들은 인터넷 등으로 많은 주문을 하니 운송 회사, 특히 택배 회사들의 수요가 많이 늘어나 UPS, FedEx 등의 운송 회사들보다 효율적으로 지역 배달을 하는 회사들이 생겨나 많은 이익을 올리고 있다. 또한 쇼핑산업을 주도할 아마존, 구글 등도 자체 배달 회사를 만들거나 다른 회사를 인수 합병하는 것을 고려하고 있으니, 배달 회사에 대한 수요도 많이 늘어날 것이다. 또한 중국인들의 닭고기 소비량이 처음으로 미국을 추월했다는 소식과 함께 중국이 미국 육류 회사들을 인수하면서 시보드라는 육류 회사의 주가는 200달러에서 3,000달러 가까이 올라가고 있다. 아직은 낮은 이자율로 미국 달러가 약세이나 필자의 예일대학교 선배로 미국 중앙은행장으로 새로 취임하는 최초의 여성 중앙은행장인 재닛 옐런 박사가 이자율을 올리면 미국 달러는 강해지고 한국 원화는 다시 약세로 돌아설 것이니 그에 대한 대비도 해야 할 것이다. 이렇듯 청마(Blue Horse)의 해인 2014년은 미국 제2의 전성기의 시작이 될 수 있는 많은 기회를 제공할 것이다.

다시 찾은
미국의 자수성가 부자들

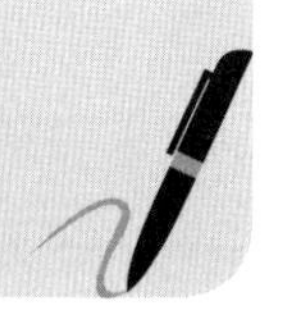

미국 주식시장은 작년에 30% 오른 데 이어 연일 최고치를 경신하고 있다. 그래서 미국 가계 재산이 25조 달러에 달하는 주식과 25조 달러에 달하는 주택 가격 등을 포함하여 80조 달러를 처음으로 넘어섰고, 미국 1인당 자산가치도 25만 달러를 넘는다. 이러한 긍정적인 소식은 며칠 전 포브스에서 발표한 세계 최고 부자 리스트에도 영향을 미쳤다. 작년까지만 해도 세계 최고 부자 자리를 레바논에서 이민 온 멕시코의 재벌 카를로스 슬림에게 수년간 내어 줬던 마이크로소프트의 빌 게이츠가 올해에는 다시 세계 최고의 부자가 된 것이다.

세계 최고 부자인 빌 게이츠는 마이크로소프트로, 2위의 멕시코 재벌 카를로스 슬림은 중남미 통신시장으로, 3위인 스페인의 오르테가는 한국에도 진출한 중저가 종합 의류회사 자라를 통해, 4위의 전설적 투자가 워렌 버핏은 주식투자로, 5위의 엘리슨은 오라클이라는 미국의 기업용 소프트웨어로 돈을 벌었다. 그 다음 나라별로 부자를 소개하면 또 다른 의류 종합 회사들인 스웨덴의 H&M, 일본의 유니클로, 또한 중국의 카카오톡인 위챗, 타이완에서 애플회사 제품을 만드는 혼하이 등이 나왔다. 이들의 공통점은 전부 본인이 부를 이루었다는 점이다. 마지막으로 한국을 소개하였더니 전 세계 1,000대 부자에 드는 한국의 10대 부자는 전원 물려받은 재벌인 것이다. 세계 1,650명 1조 원 클럽 부자 명단에 27명의 한국인이 포함된 것은 자랑스러운 일이었으나 대부분의 한국 부자들이 자수성가형보다는 물려받은 부자라는 것은 어딘가 필자를 머쓱하게 하고 한국 젊은이들에게 기회가 적은 나라로 비쳐질까 우려되는 부분이었다.

당연하게도 학생들은 자기들도 할 수 있는 현실적인 방법을 이야기해 달라고 하였다. 그래서 필자의 학교가 있는 그리니치 등 최고 부자 동네 등이 포함된 코네티컷주의 부자를 찾아보았더니 1위는 세계 최대 헤지펀드인 브리지워터의 레이 달리오, 2위도 헤지펀드 매니저인 스티브 코헨이었고, 한인들이 많은 뉴저지주의 최고 부자들도 대부분 헤지펀드 매니저들이었다. 예외가 있다면 코네티컷에는 하얏트 호텔의 상속녀로 일찌기 애플 컴퓨터에 많은 재산을 투자하여 큰돈을 번 프리즈커 여사, 또한 41,000개 이상의 프랜차이즈로 세계 최대 패스트푸드 회사가 된 서브웨이의 피터 벅이 있었다.

이렇듯 헤지펀드 등을 통한 금융산업에서 많은 부를 이룰 수 있었는데 이렇게 자수성가한 헤지펀드 매니저들은 개별 주식보다도 옵션, 선물, 채권, 외환거래 등에서 많은 수익을 올렸다니 우리들도 투자대상을 넓혀야 할 것이다. 그랬더니 한 학생이 자기는 투자론 같

이 숫자를 많이 쓰는 것은 적성에 맞지 않고 친구들과 잘 지내고 사람들 만나고 사교하는게 좋은데 그럼 희망이 없는 것이냐고 묻길래, 더스틴 모스코비치라는 20대 젊은이를 아느냐 했더니 모른단다. 그는 바로 페이스북 창업주 주커버그와 대학 때 기숙사 방을 같이 쓴 인연으로 그를 도와 조금 받은 주식 가격의 상승으로 큰돈을 벌었다. 또한 위에서 언급한 서브웨이의 피터 벅도 회사 운영에 전혀 관계없는 물리학자였지만 서브웨이를 창업한 프레드 디루카에게 단돈 1,000달러를 주고 받은 주식 가격의 상승으로 재벌이 됐고, 얼마전 마이크로소프트를 떠난 스티브 발머도 빌 게이츠와 대학 기숙사 방을 같이 쓴 인연으로 주식을 받았고, 마이크로소프트의 폴 알렌은 고등학교 때 친구 없는 빌 게이츠와 같이 놀아준 인연으로 재벌이 됐듯이 본인의 능력 외에도 주변의 친구, 친지들과 잘 융합해 지내는 것도 부자가 될 수 있는 지름길이니 앞으로는 친구와 친지들에게 더 잘하라고 하면서 답을 마쳤다.

이렇듯 부를 이루는 것도 중요하지만 더불어 사는 사회를 위해서는 분배도 못지 않게 중요한 것이다. 미국 주식시장의 경우 상위 1%가 전체 주식의 반 이상을 소유하고 상위 10%는 미국 총 주식의 90% 이상을 갖고 있고, 부동산을 포함한 전체 자산의 경우에는 미국 상위 10% 부자가 전체의 75%를 소유하고 있는 것이다. 그래도 이것은 세계 2위의 경제로 부상한 중국과 비교하면 낫다. 1995년도에는 중국 상위 10% 부자들이 중국 전체 부의 30%를 소유하고 있었으나 지금은 중국 상위 10% 부자들이 중국 전체 부의 90%를 소유하고 있다 하니 머지 않아 중국에서도 분배에 관한 목소리가 커질 것이다.

롱숏으로 두 배의 수익을

오랜만에 한국을 방문하기 위해 선물을 사려고 우드베리 아울렛을 간 지인이 생각보다 싼 가격에 많은 선물을 구입하였다고 좋아하였다. 한국 사람들이 좋아하는 명품 브랜드인 코치 가방 등을 아울렛에서 구입하였는데 평상시보다도 50% 할인된 가격에 구매 총액에서 또 반을 할인하여 주었다는 것이다. 이런 에피소드를 투자론 수업시간에 얘기하니 몇몇 중국 유학생들이 자기네들도 평소에 비싸서 구매를 못했는데 주말에 아울렛에 다녀오겠다고 하였다. 그리고 일주일쯤 뒤에 코치 회사의 주식 가격이 하루에만 20%가 폭락했다는 뉴스가 나오는 것이다. 이유는 지난 분기의 매출이 현저히 감소하였다는 것이다. 매출의 감소는 계절적인 요인 등이 아니라 경쟁사인 마이클 코어스 등에게 고객을 빼앗긴 것 같다는 분석이었다.

이렇듯 일상생활 속에 있는 입소문 등을 이용하여 물건을 저렴하

게 구입하면 우리는 현명한 소비자라고 한다. 하지만 현명한 투자자가 되려면 이러한 소식을 투자에 이용하여야 할 것이다. 좋은 소식을 이용하여 주가가 오르기 전에 사 놓겠지만 이렇듯 나쁜 소식을 이용하여 큰돈을 버는 방법도 있는 것이다. 그것은 영어로 short-selling, 한국에서는 공매라고 부르는 방법인데, 부동산시장에서 모기지를 갚지 못하여 빌린 돈보다도 낮은 가격에 집을 처분하면서 은행에게 나머지 빚을 탕감해 달라고 요청하는 숏세일과는 발음이 비슷하지만 다른 방법이다.

주식시장의 숏셀링은 주식 가격이 내려갈 것이라고 예측할 때 사용하는 기법인데, 나쁜 소식이 예상되면 보유하고 있는 주식을 팔면 되지만, 현재 주식을 전혀 보유하고 있지 않더라도 주식 가격의 하락이 예측된다면 미리 주식을 빌려서 높은 가격에 팔고 나중에 가격이 하락하면 싼 값에 구매하여 주식을 빌린 사람에게 돌려주는 방법으로 현재 투자할 현금 등을 갖고 있지 않을 때도 가능한 방법인 것이다. 이렇듯 코치 주식 가격의 하락을 예측하여 미리 주식을 빌려서 60달러에 판 투자자들은 주식 가격이 40달러로 내려왔을 때 다시 구입하여 빌린 주식을 돌려줌으로써 한 주당 20달러의 이익을 얻을 수 있었던 것이다.

또한 코치의 부진을 예상한다면 경쟁자인 마이클 코어스의 실적향상을 예측할 수 있는데 이번에도 코치 주식을 숏셀링하면서 마이클 코어스 주식을 구입한 투자자들은 75달러에서 100달러로 상승하였으니 주당 25달러의 이익을 얻었고, 두 주식을 합하여 주당 45달러라는 큰 수익을 짧은 기간에 얻을 수 있었던 것이다. 주식을 구입하는 것을 롱 전략이라 하는데 롱숏 전략이란 이렇듯 하나의 주식을 사면서 다른 주식을 숏세일하는 것으로 요즈음 새로운 투자 전략으로 사용되고 있는 것이다.

투자 전략을 위한 정보는 일상생활에서 나온 경험으로도 얼마든지 얻을 수 있는 것이다.

새로운 프런티어 마켓을 찾아서

며칠 전 미국이나 한국에서는 한 번도 경험하지 못한 일이 유럽에서 일어났다. 유럽의 중앙은행이 단기 이자율을 마이너스로 정한 것이다. 이것은 은행에 예금을 하면 이자를 주는 것이 아니라 은행이 돈의 보관료를 받는, 즉 은행에 예금을 하면 매일 예금 잔고가 줄어드는 것이다. 이렇게 경험하지 못하고 상식에도 맞지 않는 정책을 쓰는 유럽의 고민은 예금을 덜 하게 하여 소비를 촉진하고 경제를 살려보자는 것이다.

투자론 시간에 이러한 뉴스를 전하였더니, 미국에서 외국 유학생 비율이 두 번째로 높은 필자의 학교 특성상 여기저기서 유학생들이 자기 나라로 투자를 하는 것이 좋다고 주장을 하는 것이다. 금융위기 여파로 선진국 경제가 불황을 겪고 그 여파로 소위 이머징 마켓들도 어려움을 겪고, 이제는 중국 경제도 커진 덩치 때문에 성장률이 둔화된다 하고 그나마 셰일가스 등의 개발로 앞서가는 미국도 이제야 2008년 불황 시작 이전의 고용 수준을 회복했지만 아직도 실업률이 6.3%에 달하고 있다.

이런 와중에 작년에 몽고는 11.7%, 에티오피아는 9.7%의 경제 성장률을 달성했다. 또한 지난 18개월의 주식시장에서도 유럽의 불가리아는 91%, 파키스탄은 88%, 나이지리아는 47%의 성장을 보이는 등 새롭게 매력적인 투자처로도 눈을 돌려야 할 때가 온 것이다. 이러한 나라들을 선진국이나 이머징 마켓에 대비하여 앞서 개척한다는 의미로 프런티어 마켓이라 부른다.

물론 이러한 나라들은 정치 · 경제적 변수가 많아 위험하다는 인식 때문에 투자를 회피하는데, 최근에는 주식시장의 위험을 측정하는 도구인 볼라틸리티 인덱스로 볼 때 이머징 마켓의 24.7%, 선진국의 23.7%보다 낮은 17.4%로 나왔다. 실제로 몇몇 국가의 변동성이 높아 프런티어 마켓의 변동성, 즉 위험이 크다고 생각하는데 실제로는 아주 변동성이 심한 국가들인 우크라이나, 루마니아, 아이슬랜드 등을 제외하면 프런티어 마켓에 대한 투자의 위험성이 그리 높지 않은 것이다.

이렇듯 투자에는 다른 투자자들이 잘못된 인식으로 회피하는 곳에 훨씬 더 많은 기회가 있는 것이다. 헤지펀드 매니저 데이비드 아브람이 있는데, 그는 직원 서너 명을 데리고도 10조 원 가까운 돈을 굴리며 지난 20여 년간 연 15% 이상의 수익을 올렸다. 그는 망해 가거나 위험해 보여 많은 투자자들이 외면하고 피해 온 회사들, 예를 들면 최대의 서점 반즈 앤 노블, 쇠락해 가는 백화점 JC페니, 인터넷

뱅킹 등으로 위협받는 웨스턴 유니온 등에 투자하여 큰 수익을 올렸다.

이렇듯 보다 나은 투자 수익을 위해서는 다른 투자자들이 보지 않고 투자하지 않는 것을 봐야 할 것이고 그러기 위해서는 이제는 이머징 마켓이 아니라, 프런티어 마켓에도 눈을 돌려야 할 것이다. 최근에 발표된 미국과 유럽의 대기업들이 투자하고 싶어 하는 나라들의 순위 발표를 보면 이제는 브라질, 러시아, 인도, 중국 등의 브릭스에서 아프리카 쪽으로 투자의 눈을 돌리고 있다 하니 그런 곳에 먼저 투자하는 것도 큰 수익을 올리는 방법일 것이다.

새로운 투자전략을 찾아서

얼마 전 미국 투자은행에 다니는 분들과의 모임에 갔더니, 미국 증권시장은 연일 사상 최고치를 경신하고 있는데 한국은 아직도 7년 전에 넘은 종합주가지수 2000을 오르락내리락하고 있으면서 주가의 변동성도 많이 떨어졌다는 것이 화제가 되었다. 물론 주가지수가 큰 폭으로 변동하지 않고 안정적이라는 것은 경제가 안정적이라고도 볼 수 있지만 또한 증권시장이 활력을 잃어 투자자들이 참여하지 않을 때도 생긴다.

미국 증권시장도 연일 사상 최고치를 경신하지만 변동폭이 적어 투자수익을 얻기가 쉽지 않은 상황이다. 과거 미국 자료를 보면 VIX로 측정되는 미국 주가 변동성이 아주 낮을 때의 주가는 90일 후에는 1%, 1년 후에도 3% 정도 밖에 오르지 않았다. 하지만 주가 변동성이 아주 높을 경우에는 처음 90일 후에는 주가가 약 7% 정도 내렸

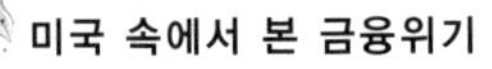

지만 1년 후에는 28% 주가가 상승하였다. 그러니 지금과 같은 낮은 변동성일 때에는 과거와 같은 투자전략으로는 수익을 낼 수 없고 새로운 투자전략을 찾아야 한다. 이럴 때에는 일반 투자자들보다는 전문가 기법이 더 효과적인 것이다.

그렇다면 이러한 새로운 투자 환경에서 수익을 낼 수 있는 투자 기법은 무엇일까? 투자 기법에는 크게 두 가지가 있는데, 하나는 기업 이익, 매출 등 경제나 기업의 자료를 기반으로 적정 주가를 예측하여 저평가 혹은 고평가된 주식을 찾아 투자하는 방법으로 펀더멘탈 분석(Fundamental Analysis)이라 하고, 다른 방법으로는 모든 기업, 경제 정보는 이미 현재의 주식 가격에 반영돼 있으니, 그것보다는 주가 움직임의 변동 그래프를 분석하여 패턴을 찾아 투자하는 기술적 분석(Technical Analysis)이라는 방법이 있다.

많은 전문 투자자들은 어느 한 가지를 이용하기보다는 두 가지를 섞어서 이용한다. 예를 들어 펀더멘탈 분석으로써 수익, 매출 등을 이용하여 많은 주식 중에서 몇십 개 정도를 고른 후, 그래프나 패턴을 통한 기술적 분석으로 주식의 매매 시점을 찾는 방법을 사용한다.

한 예로 1월의 주가 지수가 내린 경우에는 해당 연도의 지수는 1% 이내로 오르는 반면에 1월에 지수가 상승한 해에는 1년에 10%를 상회하는 수익을 내 왔던 것이다. 또한 지난 100년간의 미국 주식시장에서는 닷새 동안의 주간 수익률을 보면 12월 마지막 5일간의 수익률이 1%가 넘어 최고이고, 1월의 처음 5일간의 수익률이 0.5%를 조금 넘어 둘째이고 기타 다른 5일간의 수익은 평균적으로 0.1%를 기록하니 연말 연시에는 꼭 투자를 하는 것도 수익률을 높이는 방법인 것이다.

엘리엇이라는 시인은 4월은 잔인한 달이라 하였지만, 미국에서는 9월의 수익률이 가장 나쁘고 유일하게 평균적으로 월 수익률이 마이너스 1% 이상 하락하니 9월에는 주식투자보다는 은행예금을 해 놓는 것도 한 방법이다.

여기에 더해 300년 이상 유지되는 패턴이 있다. 10월의 할로윈 데이를 기점으로 주식을 사고 5월의 메이데이 노동절에 주식을 파는 투자전략은 오랫동안 평균 지수보다 높은 수익률을 기록하고 있다.

최근에 발견한 패턴으로는 미국 중앙은행이 날짜를 미리 정해 놓고, 1년에 8번 발표하는 정책 결정 발표 전날에 주식을 사서 일주일 후에 팔고, 다시 일주일 간격으로 사고팔고를 반복하면서 다음 중앙은행 정책 발표 전날 다시 주식을 사고 일주일 후에 팔기를 반복하면 훨씬 더 많은 수익을 올릴 수 있다는 것이다. 중앙은행 정책 발표 후 첫 번째 주, 세 번째 주 등(홀수 주)에는 팔고 발표 주, 두 번째 주 등(짝수 주)에는 사는 기법이라 하여 홀짝 투자기법이라고도 부른다.

잃어버릴 20년을 대비하며

세월호 사태로 인한 경기침체를 교황의 방문을 계기로 만회하기 위해 정부에서는 부동산 담보 대출을 더 쉽게, 더 많이 할 수 있도록 하고 한국은행에서는 기준금리를 더 내렸다. 이것은 일본의 잃어버린 20년을 따라하지 않게 하기 위함이란다. 20년 전 1994년 일본의 65세 이상 노인 인구가 20%를 막 넘었는데 지금 한국의 노인인구가 18% 가까이 되고, 일본의 20년 전과 같이 소비자 물가는 1% 정도로 떨어져서 좋을 듯하나 이것은 소비가 줄어 나타나는 것이다. 거기에 더해서 20년 전 일본과 같이 경상수지 흑자가 많이 늘어나 1년에 1,000억 달러 가까이 흑자가 나는데 이것은 소비의 감소로 인한 수입의 감소 때문이다. 이러한 불황형 흑자는 수출이 중요한 한국에 한국 원화의 강세 압력으로 나타나고 있어 수출 감소를 가져오는 악순환이 되는 것이다.

하지만 필자가 만나본 한국의 전문가나 고위공직자들도 아직 그것을 극복할 방법은 모르는 것 같다. 오히려 필자가 걱정하는 것은 일본의 잃어버린 20년에 대비하지 못하여 일어날 한국의 잃어버릴 20년에 대한 걱정이다.

또한 그동안 유럽 경제를 지탱해 주던 독일 경제의 성장이 주춤하고 프랑스나 이탈리아에서는 아직도 금융위기에서 벗어나 성장을 하고 있는 징후가 안 보인다고 하니 유럽 경제도 당분간 세계 경제의 성장을 이끌어갈 동력이 안 될 것이다. 마침 작년에 졸업한 학생이 이메일을 보내왔다. 필자는 교육도 하나의 서비스 산업으로 애프터 서비스를 해야 한다고 생각해 필자의 강의를 들은 학생들은 졸업 후 7년간 조언을 무상으로 들을 수 있게 하였다. 대부분의 학생들은 필자의 애프터 서비스를 농담쯤으로 여기는지 연락을 안 하지만 일부는 가끔 연락을 해 와서 필자의 자문을 구하고 있다. 그런 학생 하나가 이메일을 하여 투자론을 강의할 당시 소개한 회사의 주가가 많이 오른 것에 대하여 의견을 물어 온 것이다.

필자가 수업시간에 미래 20년의 산업으로 소개한 전기자동차, 3D 프린터, 셰일 가스, 온라인 쇼핑 중 하나인 전기자동차 회사 테슬라 주식 가격이 작년에 30달러 하던 것이 300달러에 접근하고 있다고 궁금해 하는 내용이었다. 필자도 놀라 테슬라 회사에 부품을 납품하는 친구에게 연락하여 보니 금년도에 15,000대 분량의 부품을 주문하던 회사가 내년도분으로 20만대 분의 부품을 주문하였다 한다. 이렇듯 인터넷 혁명에서 스마트폰 기술을 개발 소개한 미국이 이번에도 미래를 이끌 전기자동차 기술을 선도하고 있는 것이다. 전기자동

차의 핵심인 배터리는 일본 회사와 손을 잡았다 하니 일본의 잃어버린 20년에서의 탈출에도 도움이 될 것이고, 3D프린터 기술은 중국의 제조업 공장을 미국으로 다시 불러들이는 데 큰 역할을 하고 있는 것이다. 여기에 온라인 쇼핑기술은 세계 최대 소매점 월마트의 매출을 줄이고 온라인 상점 아마존의 위상을 한층 높여 주고 있다. 또 다른 인터넷 쇼핑의 위력으로는 곳곳에 난무하던 명품 암시장도 중국의 티몰이라는 인터넷 상점을 개설한 버버리, 에스티 로더, 크리니크 등의 암시장이 전부 사라진 반면 구찌, 아르마니 등 티몰이라는 인터넷 상점을 개설하지 않은 명품 브랜드들은 아직도 수십 개씩의 암시장이 있다고 한다. 여기에 셰일가스의 개발로 미국 내에서도 알래스카의 발전이 둔화되고 노스다코타, 와이오밍, 웨스트 버지니아를 경제적으로 미국에서 가장 빨리 성장하는 주로 만들고 있다. 이렇듯 미래 20년의 희망은 미국에서 찾아야 할 것이다.

알리바바 기업공개(IPO) 꼭…

얼마 전 중국 최대 인터넷 회사 알리바바가 기업공개(Initial Public Offering: IPO)를 하였다. 알리바바라는 중국 회사는 우리에게는 잘 알려지지 않았지만 아마존(Amazon)과 이베이(eBay)를 합쳐 놓은 회사이다.

특히 알리바바에는 타오바오(Taobao)와 티몰(Tmall)이라는 온라인 상점이 있는데 특히 티몰은 고급 상품을 파는 곳으로, 코트로 유명한 버버리가 티몰에 온라인 상점을 열었더니 3개월 만에 56개에 달했던 온라인 암시장 상점이 단 한 개의 티몰 상점만 남기고 사라졌다. 화장품 회사인 에스티 로더나 크리니크도 각각 44개, 17개였던 암시장 상점이 티몰 한 개의 온라인 상점만 남는 위력을 발휘했다. 그에 반해서 구찌는 티몰에 입점하지 않았더니 63개의 상점이 69개로, 조르지오 아르마니는 48개에서 59개로, 폴로로 유명한 랄프 로

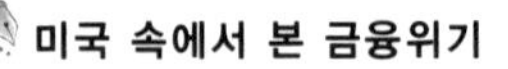

렌도 10개에서 12개로 증가하는 현상을 보이고 있다. 이러한 알리바바의 위력을 반영하듯 기업 가치가 공개 하루 만에 삼성전자보다도 더 크고, 우연인지 아마존과 이베이의 기업가치를 합한 만큼 커진 것이다.

알리바바의 기업공개는 미국 금융 사상 가장 큰 것으로 25조 원 가까운 자금을 성공적으로 조달하였다 하니 비록 나는 돈이 없더라도 자본시장 주위에는 많은 자금이 있다는 것을 증명하였다. 한국에서는 공모주 청약의 경우 소액 투자자들에게 일정 주식을 배정하고 가격도 20~30% 싸게 제공하는 등 많은 혜택을 주어 왔다. 안타깝게도 자본주의 나라 미국에서는 소액 투자자들에게 혜택을 주기는커녕 실질적으로는 투자의 문을 많이 닫아 놓고 있다. 미국에서도 일반적으로 공모주의 경우 시세보다 싸게 제공을 해, 무조건 사면 돈을 벌 수 있다는 공식이 맞아 왔다. 문제는 시장에 나오기 전에 주식을 사야 하는데, 이번 경우는 금요일 아침에 상장을 하면, 목요일 밤에 사야 했던 것이다.

알리바바의 경우 많은 미디어에서 보도를 하여, 많은 사람들이 알고 있었다. 필자도 주변 친지와 친구들 그리고 학생들에게도 관심을 갖도록 독려를 하였다. 상장 후 혹시 참여를 하였는가 물어 보았더니 중국 학생 중 3명만이 참여를 하여, 단 하루 동안에 한 학기 이상의 등록금을 벌었다고 한다. 기업공개 투자는 현실적으로 가장 확실하게 돈을 벌 수 있는 몇 안 되는 방법인데, 미국에서는 실질적으로 부자들만의 파티로 그들의 수익을 올려 주는 아주 확실하고 좋은 방법이 되어 왔다. 알리바바도 공모 전날 1주에 68달러에 팔았고 다음 날 시장 개장과 동시에 99달러로 뛰었으니 45% 이상의 수익이다, 단 하루 사이에 이 정도 수익은 많은 것이 아니고 오히려 평균적이다. 하루에 45%가 올랐으니 일 년을 기다리면 신흥 재벌(?)이 되는 게 아닌가?

답은 절대 아니다. 공모주를 살 경우에는 바로 다음 날 파는 것이 가장 좋다고 알려져 있다. 그래서 계속 보유하고 싶다면, 나중에 다시 사는 한이 있더라도 꼭 첫날 팔도록 설득을 하였다.

나중에 들으니, 조금 기다렸다 팔아서 수익률이 조금은 적었다(35%)고 한다. 그래도 한 학기 이상의 등록금을 벌었다니 필자도 흐뭇하였다. 물론 예외도 있다. 한 가지 안타까운 것은 이번에 수익을 얻은 학생들은 한국 학생들은 아니고 중국 유학생들이다. 한국 투자자들도 미국에서 좀 더 적극적으로 투자에 나서면 아직도 많은 기회가 있을 것이다.

양적완화 끝과 시작

얼마 전 경제의 역사적 선언이 있었는데, 그것은 미국 중앙은행장 재닛 옐런 의장의 양적완화 종식 선언이었다. 지난 몇 년간 전 세계적인 금융위기를 돈을 풀어 이자율을 낮춰 해결하겠다는 방침으로 시행했던 양적완화정책(Quantitative Easing) 1, 2, 3의 마지막 프로그램의 종식을 선언했다. 그것은 미국 실업률이 5.9%로 내려오고 미국의 GDP 성장률이 3.5%라는 양호한 결과로 인한 자신감에서 나온 것이다.

지난 2008년 말부터 6년간 이어온 양적완화정책은 미국 경제의 70% 이상을 차지하는 소비가 원활하지 않자 정부가 일부 역할을 대신하기 위해 오바마 정부가 많은 돈을 찍어 경제에 푸는 정책이었다. 한국의 10년치 예산보다도 많은 4조 달러나 되는 돈을 새로 찍어 경제를 살리려는 정책인데 상당 부분의 돈이 경제로 흘러 들어가기보다는 전 세계 증권시장으로 흘러 들어가 미국 주식시장은 사상 최고치를 기록하였고 신흥시장의 주식시장도 많은 도움을 받았다.

그러한 미국의 양적완화정책의 종료로 인해 이제는 주식시장의 호황은 일단 끝났고, 한국과 같은 신흥시장은 미국 등의 자본이 빠져나갈 것을 우려하고 있었는데 이번에는 일본의 중앙은행 총재가 일본판 양적완화정책을 선언하며 새로 많은 돈을 찍어내 경제를 살리겠다고 선언하였다. 이번에도 경제시장에서는 이 돈의 상당 부분이 주식시장으로 흘러 들어갈 것으로 보고 전 세계적으로 주식시장이 폭등하였다.

이러한 정책을 투자론 시간에 설명하였더니, 마침 투자의 달인이라는 워렌 버핏이 코카콜라와 IBM에 잘못 투자하여 며칠 사이에 3조 원 가까운 손실을 봤다는 뉴스를 들은 학생들이 그것보다는 개인적으로 어떤 곳에 투자를 해야만 돈을 버느냐는 질문이 쇄도하였다. 이렇듯 투자의 귀재 워렌 버핏도 실수를 하는 것이다. 물론 워렌 버핏이 큰 손실을 입었지만 다른 곳에서 더 많은 이익을 봐서 그의 회사 버크셔 해서웨이의 주식 가격은 1주당 20만 달러 이상으로 최고를 기록하고 있는 것이다. 그것은 그가 수년 전에 오바마 케어를 예측이나 한 듯 보험회사에 투자하여 큰돈을 벌고, 요사이 오일 가격 하락의 원인이 되는 미국 내륙에서의 셰일 오일 개발로 원유 수송을 할 철도에 미리 투자를 하여 큰돈을 번 것이다.

그런 그가 대체에너지, 특히 풍력 발전에 많은 투자를 한다고 하니 그것을 눈여겨보라 하였다. 풍력 발전은 구글이나 애플, 마이크로소프트 같은 회사들에게도 상당히 중요한 것인데 그러한 회사들이

클라우딩 컴퓨팅이라 하여 개인 컴퓨터에 있는 자료들을 인터넷 큰 회사들의 시스템상에 보관, 관리하게 해 주는 서비스가 대세가 되어 가고 있다. 그러한 시스템을 유지하기 위하여, 큰 인터넷 관련 회사들이 자체적으로 안정된 전기를 공급받기 위하여 발전에도 투자하고 있는 것과 맥락을 같이한다.

하지만 좋은 투자의 기회가 반드시 하이테크 기술에만 있는 것은 아니다. 유럽 최고의 부자인 스페인의 오르테가는 우리에게도 유명한 중저가 패션을 취급하는 자라(Zara)를 운영하며, 스웨덴 최고의 부자인 스테판 퍼슨은 H&M을, 또한 일본 최고의 부자 타다시 야나이는 유니클로(Uniqlo)라는 패션업을, 한국계로서 최고의 여성 부자인 장진숙 씨는 포에버 21이라는 패션점을 운영하고 있으니 하이테크 신기술이 아니라고 눈여겨보지 않는 곳에도 많은 보석이 숨어 있었다. 무일푼으로 미국에 와서 자수성가한 장진숙 씨의 재산은 삼성그룹의 4인방 여성, 이부진, 이서진, 홍라희, 이명희 씨의 재산을 전부 합한 것보다도 많다.

이렇듯 양적완화정책 등의 시기에는 주식시장이 많은 도움을 받을 것인데 반드시 유명한 신기술 회사들만 눈여겨볼 것이 아니라 워렌 버핏도 이야기했듯이 숨어 있는 많은 진주를 찾아 보는 것도 주식투자의 한 방법일 것이다.

투자 선물인 선물 투자

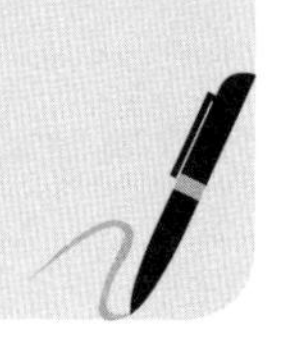

연말을 맞아 뉴욕의 금융계에서 일하는 젊은 한인 금융인들의 모임에 갔더니 화두는 요사이 변화하는 새로운 경제 이야기들이다. 그 하나로 최근에 원유 가격의 지속적인 하락이 있다. 소비자로서는 반가운 소식이나 세계 경제에는 칼날의 양면처럼 또 다른 면이 있는 것이다.

전 세계 원유 공급량은 하루에 9,100만 배럴이고 그중 20% 이상을 미국이 사용하고 있다. 경제학에서는 가격이 떨어지면 생산자들이 공급을 줄여 가격을 다시 올리려 한다는 것이다. 하지만 지금은 가격의 하락에도 공급이 줄지 않고 조금 늘어났다. 그동안 최대 원유 수입국이었던 미국이 국내의 셰일가스 덕분으로 이제는 세계 최대 원유 생산국이 되면서 세계 원유 수출시장에서는 원유를 수입하려는 수요가 줄어 OPEC를 위시한 원유 수출국들은 최대의 위기를

맞고 있다.

그중 가장 큰 피해국 중 하나는 러시아로 국내 총생산의 70% 가까이를 원유 수출에 의존하고 있기 때문에 원유 수출 감소는 심각한 경제적 타격을 가져왔다. 러시아 화폐인 루블의 가치가 지난해 50% 가까이 하락했는데, 1달러에 30루불이던 것이 이제는 50루불 가까이에 거래되고 있는 것이다.

졸업 후 스탬포드의 헤지펀드에서 일하는 학생이 이메일을 보내왔다. 작년 수업 시간에 배운 것에 관한 질문이었다. 그때 투자론 선물시장에 관한 강의를 할 때, 선물이란 오늘은 가격만 서로 정하고 실제로 금액은 미래에 지불하고 물건도 미래에 받는 계약이다. 이것은 옵션이라는 비슷한 계약이 사는 사람에게는 권리를, 파는 사람에게는 의무를 주는 것과 달리, 팔고 사는 사람 양쪽이 권리와 의무를 다 갖는다는 점이 다르다. 그러한 선물 가격은 오늘 약속한 가격을 미래에 지불함으로써 그동안 이자를 벌 수 있으므로 선물 가격은 현재의 현물 가격보다 높고, 더 먼 미래의 선물 가격은 가까운 미래의 선물 가격보다 이자 수익 등 만큼 더 높고 이러한 현상을 콘탱고(Contango)라고 한다. 이에 반하여 가격의 역전으로 미래 선물 가격이 현물 가격보다 낮거나, 먼 미래 선물 가격이 가까운 미래 가격보다 낮은 이상한 현상을 백워데이션(Backwardation)이라고 하는 데 이것은 가격 지불을 늦게 함으로써 아무리 이자 수익이 난다 하더라도 물건의 가격 자체가 현저히 하락하리라 예상될 때 나타나는 현상이라고 설명하였다.

그런데 작년도 원유 투자론 강의할 때 실제로 살펴보니 원유 선물 가격에서 이러한 백워데이션 현상이 나타난 것이다. 그래서 이러한 백워데이션은 원유 가격의 하락을 예측할 수 있겠다고 강의하고는 필자는 안타깝게도 잊고 있었는데, 이 학생은 기억을 하였고 마침 그 학생이 있는 헤지펀드에서 그것을 이용한 투자를 하여 적지 않은 수익을 올렸다는 것이다. 그래서 혹시 교수님에게도 좋은 일이 있나 해서 이메일을 했던 것이다. 안타깝게도 교수들은 좀 더 많은 생각을 하나 좀 더 적은 행동을 하는 관계로 좋은 소식이 없다는 안타까운 이메일로 답을 할 수밖에 없었다. 미국에서의 선물 거래는 증거담보율이 5%라, 5달러를 갖고도 100달러짜리에 투자할 수 있어, 100달러가 105달러로 5달러가 올라도 투자원금인 5달러에 대해서는 100%라는 큰 수익이 나는 것이다. 그리하여 정확한 예측 시 큰돈을 벌 수 있다. 그래서 유력한 차기 미국 대권 주자인 힐러리 클린턴도 치킨 선물에 1,000달러를 투자하여 100배가 넘는 10만 달러 이상을 단기에 벌어 화제가 된 적이 있다. 이렇듯 선물 시장에서는 거의 운에만 맡기는 도박과 달리 과학적 예측을 통한 투자기법으로 큰돈을 벌 수 있는 것이다.

투자의 파도는 몰려오는데

방학을 맞아 서울에 갔더니 한국 경제를 걱정하는 소리가 여기저기서 들려온다. 며칠 전에는 한국의 대형 증권회사 사장으로 취임한 후배와 축하겸 식사를 하는데, 미국은 경제가 어떠냐고 묻는 것이다. 사장으로 취임하여 보니 오직 삼성전자와 현대자동차 계열 회사들만 큰 이익을 내어 한국 경제를 이끌어 왔는데, 삼성전자는 애플의 고가제품 공격과 중국 샤오미 등의 저가제품 공격에 샌드위치가 되는 형국이고, 현대자동차는 한전부지 땅에 비경제적으로 투자를 하더니 투자자들의 시선조차 호의적이지 않다는 것이다.

그러면서 세계적 원유값 하락으로 상대적으로 생산원가가 비싼 셰일오일(Shale Oil) 회사들이 견뎌내겠느냐는 질문도 이어졌다. 물론 샌드오일(Sand Oil)처럼 한 번 개발하면 수년간은 더 이상의 투자 없이도 생산이 가능한 조건은 아니지만 국제 원유 가격의 하락은 530

조 달러 이상의 외화채권을 발행했으면서도 370조 달러 정도의 외환보유고 밖에 갖고 있지 않은 러시아에 더 큰 타격을 줄 것이고 미국은 건실할 것이니 미국에 투자하는 게 좋을 것이라고 이야기하였다.

미국에서는 2014년 1,700만 대의 자동차 판매량 중 900만 대는 SUV 등 고급차량이 차지하였는데 이러한 현상은 금융위기 전 증권시장 호황기에 나타났던 현상으로 미국 증권시장의 호황을 예측케 하는 하나의 지표이다.

또 하나 흥미로운 것은 미국 증권시장의 변동성 위험도를 측정하는 지수인 VIX지수가 지난 몇 년간 10을 조금 넘는 안전성을 보이다가 최근에는 20 가까이로 치솟는 날들이 많아졌다. 미국에서 VIX지수가 작은 경우는 1년 뒤의 주식시장이 거의 오르지 않았던 데 반해, VIX지수가 커진 뒤의 1년 후에는 주식지수가 평균적으로 20% 가까이 상승한다는 연구결과도 보고되고 있다.

또한 2015년은 오바마 대통령의 두 번째 임기의 세 번째 해인데 지난 100년간의 미국 증권시장에서 대통령 임기의 세 번째 해의 주식시장 연간 상승률이 평균 13%로 탁월하게 높았다. 이러한 이유로 금년도에는 한국 투자자들에게도 미국 주식시장을 적극 소개하라고 조언을 하였다.

그러면서 미국의 어떠한 주식들을 눈여겨 보면 좋을까 하고 묻길래, 물론 투자의 귀재 워렌 버핏의 회사인 버크셔 해서웨이에 투자하는 방법도 있는데 그 주식은 주당 가격이 23만 달러 정도 하니 100주만 투자해도 2,300만 달러라 일반인이 투자할 수는 없고 그래서 나온 워렌 버핏 베이비 주식은 1주에 150달러 정도이니 워렌 버

핏의 가치투자 기법을 선호하는 투자자들에게는 지난 수십 년간 실망시키지 않은 좋은 투자주식일 것이다. 또한 원유 가격의 하락으로 잠시 주춤하고 있는 전기자동차 테슬러와 작년에 많은 벤처투자자금을 끌어들인 우버 택시 등도 많은 투자자들이 눈여겨보는 주식들이다. 또한 일반인들에게는 단순하고 안전한 지수를 이용한 ETF(Exchange Traded Fund, 최소 20개 이상의 동종 주식에 투자하여 위험을 상당 부분 없애면서도 투자 수익을 거의 낮추지 않는 효과가 있는 일종의 주식)가 다양하게 소개되어 있으니 적극 소개하라 하였다. 투자자가 좀 더 많은 식견을 갖고 있는 분야, 더 관심이 많은 분야에 투자하면 좀 더 정보에 귀 기울이고 뉴스에 관심을 가질테니 좀 더 유리하게 투자를 할 수 있을 것이다.

이번에는 유럽으로

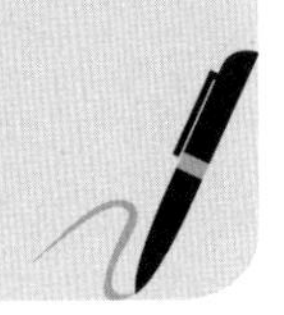

얼마 전 뉴욕 월 스트리트 등에서 일하는 후배 한국인들의 모임에 갔더니 서로서로 축하를 하는 모습을 볼 수 있었다. 모두들 월 스트리트의 별이자 꽃이라는 디렉터, 이그제큐티브 디렉터, 매니징 디렉터들로 승진을 하였다는 것이다. 이러한 결과는 연일 사상 최고치를 경신해 온 미국 증권시장의 덕도 많이 있는 것이다. 이렇듯 미국 증권시장은 최근 호황을 누리고 있지만, 많은 일반인들은 아직 체감하지 못한다고 한다. 그 이유 중 하나는 미국 증권시장이 선행지표로서 과거에도 증권시장의 호황 약 9개월 뒤에 실물 경제가 따라오는 모습을 보였기 때문일 것이다.

이러한 소식에 투자론을 듣는 학생이 미국에의 투자는 이미 늦었고 이제는 외국에 눈을 돌려야 할 때가 아니냐고 하길래, 참 좋은 생각인데 그러면 어디가 좋겠느냐 했더니 중국마저도 아직은 높지만

전과 같은 경제성장률을 이루지 못할 것이라는 전망에 시야를 좀 더 넓히라고 하였다. 그랬더니 몽고에서 온 유학생이 몽고가 중국보다 더 높은 경제 성장을 하고 있다고 하여 확인해 보니 진짜로 중국의 두 배 가까운 12%의 경제 성장을 하고 있었다. 또한 남아시아의 라오스, 중앙아시아의 투르크메니스탄, 남미의 파라과이 등도 중국보다도 훨씬 높은 두 자리 숫자의 경제 성장을 하고 있었다.

그랬더니 한 학생이 달러화가 강세이니 이럴 때 유럽을 여행하면 전보다 훨씬 저렴하게 여행을 할 수 있지 않느냐고 물어 왔다. 그러자 옆에 앉은 다른 학생이 그것은 소비론이고 지금 시간은 투자론 강의이니 적절하지 않은 질문이라고 핀잔을 주길래, 그렇지 않다, 모든 투자의 기회는 그런 사소한 관찰에서 아이디어를 찾을 수 있는 것이라고 알려주었다.

우리가 잘 아는 헤지펀드의 킹이라는 조지 소로스도 주식을 해서 돈을 벌었지만 일본 엔화가 변동할 때 투자하여 단기적으로 2조 달러라는 천문학적 수익을 낸 적도 있고, 최근에도 몇몇 헤지펀드 매니저들이 유럽의 유로화에 투자하여 이미 많은 수익을 내고 있다는 소식도 들려온다.

유로화는 1999년에 1유로당 1.1달러로 미국의 달러보다 강하게 출발하였으나, 2000년에는 미국 주식시장의 테크놀로지 붐 등으로 달러화가 강해져 1유로당 0.82달러까지 떨어졌다. 그러나 2008년 미국의 금융위기로 달러화가 약해져 1유로에 1.6달러까지 치솟았고 지금은 다시 1유로에 1.1달러로 거래되고 있다. 역사는 돌고 돈다고 했던가? 가장 안정적인 경제인 미국이나 독일이 주도하는 유럽 경제의 돈의 가치가 그 사이 두 배로 치솟거나 반으로 떨어지는 일들이 벌어지는 것이다. 그러므로 이런 흐름을 탄다면 위험한 주식에 투자하지 않고도 큰 수익을 낼 수 있을 것이다.

그랬더니 올 여름 유럽여행을 하고 싶다는 학생이 주식 가격이 오를 것 같으면 미리 사뒀다가 올랐을 때 팔면 되는데 가격이 내릴 것 같을 때는 어떻게 하느냐고 질문을 하길래 주식시장에는 지금 주식을 빌려서 높은 가격에 팔고 나중에 가격이 내리면 싼 가격에 사서 돌려 주는 숏셀링이라는 투자기법이 있다고 하였다. 그랬더니 그럼 유로화 같은 화폐도 그렇게 하는 것이냐고 하길래, 화폐투자의 경우에는 조금 달라서 보통 선물(Future)이라는 것을 이용하여 지금 유로 선물을 팔고 나중에 유로 가격이 내려도 유로화를 지금의 가격에 팔 수 있으니 수익을 내는 것이라고 설명하였다. 이렇듯 환율의 변화가 있을 때 전문가들이 투자하는 또 다른 곳이 원유, 금속, 곡물 등의 상품시장(Commodity)이다. 2007년에서 2008년 사이의 골드만삭스 상품 가격지수와 미국 달러화는 마이너스 상관관계, 즉 상품 가격이 내릴 때 달러화가 올랐는데 현재 2014년에서 2015년의 블룸버그 상품지수와 달러화의 움직임도 같은 마이너스 상관관계를 보이고 있으니 화폐가치 예측을 통해서 상품에 투자하는 것도 한 방법일 것이다. 또한 얼마 전에는 유로화 그룹에 가입하지는 않고 자국 화폐를 유로화에 연동시켜 관리하던 스위스가 유로화의 계속된 하락에 자국 화폐가 덩달아 하락하자 자국의 부의 가치가 하락하는 것을 막기 위하여 스위스의 프랑화와 유로화의 연계를 끊기로 하였다 하니 유로화의 변동은 당분간 좋은 투자처가 될 것이다.

낮은 이자율, 부동산으로 극복?

한 한인 유학생의 아버지가 뉴욕을 방문하는데 투자관계로 상의할 일이 있다 하여 얼마 전에 만났다.

금융위기였던 2009년도에 자녀들을 유학시키면서 사 놓은 맨해튼의 아파트가 10년의 재산세 감면정책(421a, J-51 등 Tax Abatement 프로그램) 혜택도 끝나가고 마침 아파트 가격도 살 때보다 많이 올랐으니 이번에 팔고 한국의 여유 자금과 같이 투자를 하고 싶다고 의논을 해 왔다.

미국 중소규모 은행들의 상업용 부동산 대출은 금융위기 전의 최고치인 1조 달러를 이미 조금 넘기 시작하였다. 그렇듯 지금 상업용 부동산에 대한 투자가 늘어나기 시작하는 것이다. 반면에 25개 대형 은행들의 상업용 부동산 대출은 아직도 금융위기 전의 금액을 많이 회복하지 못하여 중소형 은행들의 대출의 절반 정도인 것을 보니 아무래도 대형 건물보다는 소형 건물에 대한 투자가 더 활발히 일어나고 있는 것이다.

부동산 에이전트에 알아보니 일년에 6%까지도 렌트 수익을 내는 건물들이 있다 하여 필자와 같이 오랜만에 맨해튼 구경을 하였다. 보여주는 건물들은 소호, 첼시, 헬스 키친 등의 건물들이었다. 필자가 보기엔 100년 가까이 됐을 법한 건물들도 이미 상당히 올라 있었다. 하지만 그에 따라 렌트도 같이 올랐으니 그만한 수익을 낼 수 있다는 것이다.

이러한 조건에 사상 최저의 모기지 이자율까지 더하니 더욱더 매력적으로 보였다.

여기에 더해 외국인들의 상업용 건물에 대한 투자 금액이 금융위기 전의 최고인 2007년도의 700억 달러에 육박해 가고 있다는 소식인 것을 보면 상업용 부동산 붐이 불어 올 것으로 보인다. 또한 포클로져나 숏세일 등 자금 압박으로 인한 부동산 거래 건수가 2009년도 전체 거래 건수의 50%에서 2014년도 말부터는 전체 거래 건수의 10%로 내려왔으니 급매물 등이 현저히 줄어들었다. 이제 더 이상의 가격 하락보다는 수요의 증가로 부동산 가격이 오를 것이니 더 늦기 전에 투자하는 것이 좋을 듯하다고 하였다.

부동산에 투자를 하려면 인터넷에서도 보다 객관적인 정보를 얻을 수 있는데 요사이 질로우(Zillow), 트룰리아(Trulia), 무브(Move) 등 부동산 정보 관련 웹사이트 회사들의 수입이 연간 50%씩 증가하는 것을 보면 많은 투자자들이 낮은 이자율의 대안으로 부동산 투자를 생각하는 것 같다.

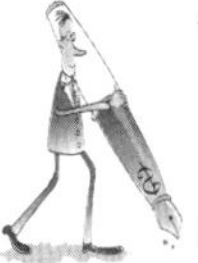

하지만 부동산 투자는 돈 많은 투자자들만의 독점은 아니다. 부동산 투자 펀드(REIT)를 이용하면 주식에 투자하는 정도의 돈으로도 쉽게 투자할 수 있다. 아파트 가격이 오를 것 같으면 아파트 부동산 ETF에, 호텔 부동산에 투자하고 싶으면 호텔 ETF, 쇼핑몰 ETF, 창고 ETF 등 다양한 투자처가 있다. 거기에 더해 좀 더 빨리 수익을 원하는 투자자들을 위해 레버리지 ETF가 있고, 부동산 레버리지 ETF도 여럿 있다. 물론 이러한 레버리지 ETF들은 위험에 좀 더 대처할 수 있는 투자자들에게 권하는 것이지만 낮은 이자율을 이용하여 부동산에 투자하여 더 많은 수익을 낼 수 있는 것이다.

뜨는 별, 빛나는 별

어느덧 초여름으로 접어드는 이즈음 대학교는 한 학년을 마치고 시험, 기말 리포트 등으로 바쁘게 지내게 된다. 필자가 매학기 학생들에게 내 주는 리포트 과제가 있다. 그것은 학기 초에 필자의 강의를 수강하는 학생들에게 선물(?)을 주는 것인데 누구나 다 좋아하는 현찰을 준다. 안타깝게도 가상 현찰이라서 강의에만 쓸 수 있는 것이다. 학생들은 그 돈으로 증권 등에 투자를 하는 모의 투자 숙제인 것이다.

수년 전부터 필자는 학생 1인당 100만 달러씩을 주고 한 학기 동안의 투자 실적에 구애받지 말고 소신껏 투자하라는 숙제를 내 주는데 학생들의 수익은 성적과 관계가 없고 투자결정의 논리를 성적에 반영하고 있다. 그렇게 함으로써 학생들이 일찍부터 투자에 관심을 갖게 해 주고 있다. 이러한 훈련도 어느 정도는 영향을 미쳤는지 필

자 학교 학생들이 예일대학 등 유명 대학들이 참여하는 코네티컷 대학생 모의 투자 경연대회에서 지난해에 이어 올해도 최고상을 수상하는 등 매년 좋은 성적을 내고 있다.

미국 주식은 총 주식의 절반 이상을 상위 1% 부자들이 소유하고 있고, 상위 10% 부유층들이 전체 주식 가치의 90%를 소유하고 있다. 항상 부유층의 심리를 이해해야 투자에 성공한다고 이야기를 하여도 10,000달러로는 그 같은 투자 결정을 내리지 못하는 것이다. 필자 돈이 드는 것도 아니니 큰 인심이라도 쓰듯이 한 명당 100만 달러씩 투자금을 줬더니 성적이 나아지는 것이었다.

처음에는 다우존스지수에 포함되는 30개의 주식 등에 투자를 하게 하고, 좀 더 범위를 넓혀 스탠다드 앤 푸어 500지수(S&P 500)에 포함된 500개 주식에서 골라 투자 연습을 시키고 있다. 투자의 귀재 워렌 버핏을 롤 모델로 따르려는 학생들이 많았는데, 요사이는 그의 기법에 회의적인 학생들도 많다. 2004년까지는 워렌 버핏이 매년 평균 주식지수보다도 10% 가까이 더 높은 수익을 내왔다. 그 결과로 그의 회사 주식 버크셔 해서웨이(Birkshire Hathaway)는 1주에 한국 돈으로 2억 5천만 원을 호가하니 100주만 소유해도 250억 원을 소유한 부자가 되는 것이다. 그러나 2005년 이후에는 평균 주식지수에 비해 매년 1% 내외의 수익만 더 내고 있다. 물론 90% 이상의 뮤추얼 펀드들이 주식지수보다도 낮은 수익을 내고 있으니 아직도 훌륭한 투자자인 것이다.

또 하나 투자에도 좀 더 트렌드를 따라야 큰 수익을 올릴 수 있다. 예로 맥도날드는 지난 2년간 일반 지수보다도 30% 못한 성적을 낸 반면에 새로 부상하는 햄버거 체인점인 쉐이크 쉑(Shake Shack)은 지난 3개월 동안에만 일반 지수보다도 80% 이상 높은 상승률을 보였다. 또한 누구에게나 필요한 자동차를 만들며 금융위기에도 GM과 달리 정부의 도움 없이 버틴 포드 자동차는 지난 2년간 일반 지수보다도 25% 정도 나쁜 성적을 냈지만, 새로운 전기자동차를 선보이는 테슬라(Tesla)는 일반 지수보다도 200% 더 높은 성적을 내고 있는 것이다. 특히 테슬라는 일반 가정이나 회사에서도 유사시를 대비해 평상시 충전해 놓는 충전 배터리를 소개했는데 신제품이 나오기도 전에 주문이 밀려오는 등 많은 주목을 받고 있다.

돈 돈 돈 A, B, C

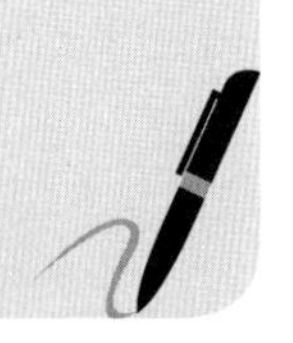

두 달 전쯤 친지를 모시고 미국 독립의 상징인 필라델피아의 자유의 종을 방문하게 되어 근처에 있는 미국 중앙은행 필라델피아 지점을 방문하였다. 지난달에는 뉴욕을 처음 방문한 친구와 월 스트리트 뉴욕증권거래소 옆에 있는 미국 중앙은행 뉴욕지점 건물을 지나치기도 했다.

독립기념일에는 시인 롱펠로우의 미국 독립에 관한 시 '독립영웅 폴 리비어의 기병대'에 등장하는 폴 리비어의 집을 방문하다 근처에 있는 미국 중앙은행 보스턴 지점을 지나게 되었다.

금융 경제를 가르치는 필자가 관광안내서를 만드는 것으로 오해를 살 만한데 이렇게 함으로써 필자는 돈의 ABC를 한 것이다. 미국 1달러 지폐에는 조지 워싱턴 대통령 초상화 왼쪽에 페니만 한 동그라미 속에 알파벳 대문자가 하나 들어 있다. 그 문자는 그 화폐를 인쇄

한 중앙은행 지점을 나타내고 있는데 A는 보스턴, B는 뉴욕, C는 필라델피아를 상징하니 필자는 미국 돈의 ABC를 최근에 섭렵한 것이 되었다. 참고로 F는 애틀랜타, G는 시카고, K는 달라스 등이고 12번째 마지막 L은 샌프란시스코이다.

이렇듯 미국 중앙은행 12개 지점에서 발행한 화폐는 얼마나 되고 어디로 가 있는 것일까. 미국 달러는 세계 화폐로 통용되는 관계로 각국 정부에서도 외환보유고라는 이름으로 상당분을 보유하고 있다. 현재 미국 중앙은행의 자산이 4.5조 달러(참고로 2008년 금융위기 전에는 미국 중앙은행 자산이 1조 달러가 되지 않았다.)로 급증했는데 이것은 중앙은행이 경영을 잘하여 수익을 낸 것이 아니라, 재닛 옐런 의장의 미국 중앙은행만이 갖고 있는 권한으로 화폐를 발행하여 많은 쇼핑을 한 결과이다. 물론 대부분의 돈을 오바마 정부가 발행한 미국 국가 채권을 사들이는 데 쓴 결과로 그 많은 액수의 중앙정부 채권을 갖고 있는 것이다.

미국 중앙정부가 발행한 총 국가 채권 규모는 12조 달러인데 그중의 3분의 1을 중앙은행이 사들여 오바마 행정부를 돕고, 다른 3분의 1은 연기금 등을 포함한 전 세계 일반 투자자들이, 나머지 3분의 1은 한국, 중국, 사우디 등의 국가가 외환보유 형태로 사들이고 있다. 미국 정부가 발행한 채권규모는 미국을 제외한 전 세계 국가의 모든 주식을 거의 다 살 수 있는 양이고, 현재 미국 중앙정부가 자산으로 보유한 4.5조 달러의 미국 국가 채권을 팔면 세계 2위라는 중국의 주식시장을 전부 사들이고 독일 주식시장도 사들일 수 있을 만큼 큰돈이다. 만약에 이러한 양의 미국 채권을 미국 중앙은행이 시

장에 판다면 채권의 가격 하락은 불 보듯 뻔한 것이다.

그런데 이러한 일이 조만간 벌어질 것이고 재닛 옐런도 채권을 팔기로 마음을 정하고 시기를 고르고 있을 뿐이라 한다. 그럼 우리가 갖고 있지도 않은 채권을 파는데 우리에게 무슨 영향을 미칠까? 채권 가격은 이자율과 항상 반대로 움직이고, 대량 채권 매각으로 인한 채권 가격 하락은 필수적으로 이자율의 상승을 가져온다 하니 모기지 이자율이나 기업금융 이자율 등 모든 이자율이 오를 것이다. 많은 분들이 401K나 IRA 등으로 은퇴 연금을 관리하고 미국 채권에 투자하고 있으니 채권 가격 하락은 은퇴 계좌 잔고를 내릴 것이다. 이러한 은퇴 자금의 하락을 막기 위해서는 은퇴 계좌에 들어 있는 채권의 비중을 상당 부분 줄여 다른 자산으로 옮겨 놓아야 할 것이다.

미국의 자수성가한 부자들

이번 학기 투자론을 강의하면서 포브스가 선정한 미국 400대 부자들의 리스트를 주고 학생들에게 각자 5명을 선정하라고 했다. 포브스는 400명의 부자들을 선정하고 부를 이룬 방법이 유산을 받아서 되었는지 아니면 어려운 환경을 극복하여 부를 이루었는지를 1에서 10까지의 척도로 나타내어, 모든 재산이 물려받은 경우를 1에서 5까지, 자수성가한 경우 6에서 10까지로 나타내었다. 전 재산이 물려받은 부인 경우가 1이고 모든 가난과 역경을 극복한 경우가 10이다.

학생들이 가장 많이 선택한 부자는 조지 소로스라는 헤지펀드 매니저로 일반인에게는 덜 알려졌지만 헤지펀드의 아버지로 불리고 미국 19번째 부자이면서 자수성가 지수 최고점인 10을 받은 미국 부자 중에서 최고의 부자이다. 소로스는 원래 공산국가인 헝가리에서 태어나 독일 나치 정권의 탄압으로 전 재산을 빼앗기고 알몸으로 이민

을 와서 이룬 성공이기에 자수성가 지수 10을 받은 것이다. 여학생들이 많이 뽑은 유명 여자연예인 오프라 윈프리도 어린시절을 극복하고 오늘의 성공을 이루어 자수성가 지수 만점인 10점을 받았다. 반대로 애플의 작고한 스티브 잡스의 미망인 로렌스 파웰 잡스는 남편의 재산을 그대로 물려받아 자수성가 점수는 1점인 것이다.

30년 전 포브스 400 부자 명단을 보니 미국에서 자수성가한 사람의 비중이 40%였는데 2015년에는 자수성가한 부자들의 비중이 70%로 많이 올라갔다. 자수성가형 부자의 비율이 늘어나는 것에서 보듯이, 미국은 아직도 아메리칸 드림을 이룰 수 있는 기회가 있는 것이다. 재미있는 것은 미국 최고의 부자는 빌 게이츠이고, 둘째는 투자의 달인이라는 워렌 버핏이지만, 가족 단위로 보면 월마트 창업자의 자손들 4명이 각자는 미국 부자 10위권 전후이지만 4명의 재산을 합하면 1위인 빌 게이츠 재산의 두 배가 넘어 최고의 부자가문이다. 하지만 이들은 회사의 경영에 관여하지 않고 자신이 원하는 봉사단체 아니면 좋아하는 사진작가 등의 길을 걸으며 살고 있어 이들의 자수성가 지수는 1점이 되는 것이고, 또한 M&M 새알 초콜릿 등으로 유명한 마즈라는 세계 최대 초콜릿 회사도 자녀들이 재산을 상속받아 경영에 관여하지 않고 주식만 보유하지만 3명 자녀들의 재산을 합하면 빌 게이츠의 재산에 버금가고 있다. 이렇듯 경영을 전문가에게 맡기는 것이 한국처럼 자손들에게 무리를 해서라도 경영권을 넘기려 하는 것보다 오히려 더 많은 부를 지키는 방법인 것 같다. 자녀보다 능력 있는 전문 경영인에게 경영을 맡겼기에 이들 가문들이 지난 30년 동안 변함없이 부를 지켜올 수 있었던 것이 아닌가 싶다. 데이비드 알렌타스는 뉴욕에서 자라나 젖소 우유짜기, 소똥 치우기 등을 하다 현재의 브루클린 다리 근처의 버려진 공장 창고 등을 보고 브루클린 다리의 덤보지역을 개발하여 오늘날의 부를 이루었다. 이렇듯 아직도 미국에서는 어려운 환경을 극복하여 큰 꿈을 이룰 수 있는 기회가 많으니 항상 학생들에게 많은 꿈을 꿀 수 있는 환경을 만들어 주는 것이 필자의 몫이라 생각하며 오늘도 강의를 계속하고 있다.

월마트, 아마존과 COLA

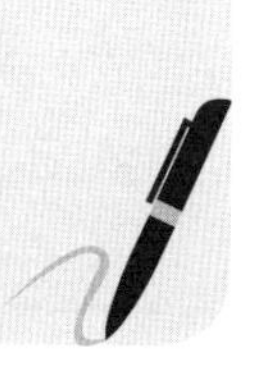

얼마 전 투자론 강의를 하던 중 중국에서 온 학생이 중국에 있는 삼촌이 미국 주택에 대한 투자를 하고 싶은데 교수님 의견을 물어보라고 했다면서 질문을 하였다. 자료를 검색하여 2007년 69%를 넘어섰던 미국인들의 주택 소유 비율이 지금은 63%로 내려왔다고 했더니, 그러면 미국 사람들이 더 가난해져서 집을 사지 못하는 것이냐고 묻길래, 그것은 아니다. 전에는 미국의 많은 은행들이 신용이 나쁜 사람들에게도 쉽게 모기지 주택융자를 해 줬지만 이제는 그렇지 않아서 그런 것이다. 그러니 집을 사지 못하는 사람들은 렌트를 구할 것이고, 렌트 주택의 공실률이 적어질 것이다. 그러므로 주택에 투자하여 렌트를 준다면 전보다 더 쉽게 관리하고 수익을 낼 수 있다고 하였다.

또한 미국 정부가 매년 저소득층과 노년층에게 지급하는 소셜시큐리티 금액 인상률을 결정하는 COLA(Cost Of Living Adjustment)가 역사상 단 두 번 밖에 없었던 인상률 동결(물가가 내려도 마이너스 인상률은 법으로 금지되고 있음)을 2016년도에 할 것이라는 소문이 돈다며 이것이 투자에 미치는 영향에 대하여 질문해 왔다. 6,000만 명이 넘는 소셜시큐리티 수혜자들은 대부분 소득이 많지 않은 사람들이니 그러한 사람들을 대상으로 사업을 하는 회사들은 어려워질 것이라고 하였더니, 그러면 아무래도 월마트가 어려워지지 않겠느냐고 하면서 자기는 월마트 주식 가격이 내려갈 것 같은데 어떻게 했으면 좋겠느냐고 하길래, 그렇다면 월마트 주식을 숏세일(가격이 높을 때 주식을 빌려서 미리 팔고 나중에 주식 가격이 내리면 싼 값에 주식을 사서 빌린 주식을 돌려 주는 투자 기법)하라고 하였다.

실제로 안정적인 대형주로 분류되던 월마트의 주식은 며칠 전 하루에 10%가 넘게 떨어지고 다음 날도 떨어졌는데 거기에는 여러 이유가 있으나 COLA 동결로 인한 수익률 감소 등의 기대감이 그동안 온라인 상점 아마존과의 미래 경쟁에 대한 불안감에 불을 지펴 폭발하게 만든 것이다.

아마존이 이제는 온라인 쇼핑을 야채 등 식료품까지 확대한다고 하니, 그래도 식료품 매출이 매년 1,400억 달러 이상으로 2위의 슈퍼마켓 체인이나 할인점 코스트코의 세 배가 넘는 월마트가 더욱 힘들어질 것이다. 아마존은 야채 등의 신선도 등을 고려하여 드론 같은 무인비행기 등도 운송 수단으로 고려하고 있는 등, 앞으로 배달 운송에 대한 수요는 점점 늘어날 것이다. 그런 영향으로 트럭 인더스트리의 고용이 150만 명으로 역대 최고치에 달하면서도 트럭 운전

자들의 평균 수입이 사상 최고치로 가파르게 상승하고 있는 것이다. 이렇듯 새로운 뉴스를 투자로 연결하는 사고를 갖는다면 투자의 기회는 언제나 많은 곳에 있는 것이다.

닭고기 맛과 돈 맛은

50년 전 소고기의 1년 소비량은 79파운드였지만 현재는 55파운드로 많이 줄었고 미국인들이 덜 선호하는 돼지고기는 50파운드였지만 현재는 49파운드로 거의 변함이 없었다. 재미있는 것은 돼지고기 1인당 소비는 유럽의 오스트리아가 최고인데, 소시지를 많이 먹는 독일, 이탈리아, 스페인 등의 1인당 소비량은 미국의 두 배 이상 되는 반면 미국에서는 1인당 닭고기 소비량이 세계 주요 국가 중 1등이면서 독일 등 유럽 국가들의 세 배 이상을 소비하고 있다.

이러한 미국의 닭고기 소비량은 50년 전에 1인당 35파운드로 소고기나 돼지고기보다 적게 소비하던 것이 지금은 1인당 90파운드 이상으로 세 배의 증가를 보여 소고기와 돼지고기를 합한 양 만큼을 소비하고 있다. 이러한 닭고기 소비량의 증가를 이용하여 투자로 이어질 수 있는 것이다. 이러한 소비량의 증가는 당연히 가격 상승으

로 이어져서, 30년 전에 파운드당 35센트이던 닭고기 가격은 지금은 세 배가 넘는 1달러 14센트에 이른다. 이러한 닭고기 가격변동을 투자로 이끌어 낸 사람 중에는 내년도 민주당 대통령 후보로 유력시되는 힐러리 클린턴을 들 수 있을 것이다. 그녀는 남편인 클린턴 대통령이 아칸소 주지사 시절 그 지역 유명 기업인들을 만났는데 그중 하나가 아칸소에 본부를 둔 타이슨이라는 닭고기 회사 회장이다.

그래서 그녀는 자연히 닭고기 이야기를 많이 들었을 것이고 거기서 투자에 눈을 돌려 닭고기 투자로 단기간에 100배의 수익을 올린 것이다. 그래서 연방 정부는 혹시나 그녀가 주지사인 남편의 권력을 이용하여 내부정보 등을 이용하여 많은 돈을 벌었나 상당 기간 조사를 하였으나 전혀 혐의가 없는 것으로 판명된 적도 있다.

이제부터는 일상생활 속의 작은 것에서도 많은 투자 기회가 있는 것이니 항상 모든 것을 주의 깊게 보며 새로운 시각으로도 보는 것이 좋을 것이다. 여기서 한 가지 더, 그녀가 100배의 수익을 냈지만, 어느 때도 닭고기 가격이 100배로 뛴 적이 전혀 없는데 어떻게 그렇게 많은 수익을 낼 수 있었는가는 마진투자라고 하는 데 있다. 이것은 투자를 할 때 자기 자금 외에 증권회사로부터 돈을 빌려 투자를 하여 수익을 내는 것인데, 미국에서 주식에 투자할 때는 최대 본인이 갖고 있는 자금만큼을 더 빌릴 수 있지만, 선물투자를 할 경우에는 본인 투자금의 19배를 더 빌려 본인 투자금의 20배를 투자할 수 있는 것이다. 이것은 모든 개인 투자자들이 할 수 있는 방법이고 수익을 많이 낼 수 있는 방법이다. 한 예로 힐러리 클린턴의 경우에 본인 자금만 갖고 닭고기 주식에 투자했다면 그 기간 서너 번의 투자로 약 60% 정도 수익이 났을 것이고, 최대로 빌려 닭고기 주식에 투자했다면 200% 가까이 수익을 낼 수 있었던 반면에, 닭고기 선물에 투자를 하면서 마진투자를 이용하여 자기 자금의 19배를 더 빌려 투자하여 10,000%의 수익을 낼 수 있었던 것이다.

마이너스 이자율일 때에는

투자론을 강의하는데 학생 하나가 마이너스 금리라는 것은 은행에 예금을 맡기면 이자를 은행으로부터 받는 것이 아니라 은행에서 돈의 보관료 명목으로 돈을 가져간다는 것이니 만약 1만 달러를 예금하면 1년 뒤에 보관료 1,000달러를 제한 9,000달러만 은행으로부터 받을 수 있는 것 아니냐고 질문을 하길래, 맞는 이야기라고 했더니 다른 학생이 우리 모두 은행으로 당장 달려가자고, 이유는 마이너스 금리라면 모기지를 빌리면 은행에 이자를 매달 내야 하는 것이 아니고 은행에서 모기지를 빌렸다고 감사의 뜻으로 매달 사례금을 줄 것이 아니냐고 하였다.

물론 이론적으로 맞는 이야기다. 하지만 요즈음 마이너스 이자율은 일반 은행의 예금과 대출에 적용되는 이자율을 이야기하는 것이 아니고 정부나 중앙은행이 정하는 정책 금리를 말하는 것으로 일반

은행들은 자금의 일시적 여유가 있을 때 여유분을 통상적으로 중앙은행에 맡기고 얼마간의 이자를 받고 있다. 그런데 마이너스 금리정책을 쓰는 나라들은 은행들이 여유가 있을 때 중앙은행에 맡기면 이자는커녕 보관료를 받을 테니 여유 자금을 가능한 한 경제행위에 대출해 주라는 강력한 메시지이다. 그만큼 그 나라의 경제 행위가 많이 일어나지 않고 있다는 뜻이다.

문제는 세계적으로 그러한 나라가 늘어나고 있고 전부 경제 선진국들이다. 현재 마이너스 금리의 나라들은 최근에 마이너스 금리정책을 시작한 일본을 비롯해서 독일, 프랑스, 이탈리아 등의 유로존 국가들과 덴마크와 스웨덴이 있다. 이 가운데 덴마크와 스웨덴은 이미 수년 전부터 이 정책을 취하고 있고 마이너스 이자율도 일본 등과 같이 상징적인 마이너스가 아니라 마이너스 1% 내외의 보관료를 받고 있다.

마이너스 이자율 국가들의 채권은 상당량 그 나라의 중앙은행이 보유하고 있는데 일본 중앙은행은 일본 GDP의 75%에 해당하는 국채를, 유로존 국가들도 그들 GDP의 25%에 해당하는 국채를 보유하고 있다. 그러다 보니 중앙은행 보유자산에서 수익이 발생하지 않고 정책적 수단이 줄어드는 악순환이 되고 있다. 또한 세계에서 가장 많은 외환보유고를 자랑하는 중국 정부도 2년 전에는 4조 달러어치였던 자산(많은 부분이 외국 정부 채권)이 이제는 3.3조 달러로 줄어드는 등 정책의 안전판이 줄어드는 현상이다. 또한 중국 정부는 경제성장률 하락으로 내려가는 중국 화폐인 위안화의 가치를 방어하기 위하여 보유 달러를 이용하여 중국 화폐를 사들이고 있는데 헤지펀

드 킹인 조지 소로스 등의 헤지펀드들이 위안화를 계속 팔아 가치를 낮추고 있어 헤지펀드들에게 중국 화폐가치를 낮추지 말라고 경고를 하고 있는 실정이다. 다행스럽게도 미국에서는 불황의 조짐을 예측하는 모델로 주식시세나 정크본드 수익률 등을 이용하는 시장모델은 불황을 염려하게 하지만 국민소득, 에너지 가격, 어음 부도율 등을 이용하는 거시경제 모델은 미국 경제가 건강함을 보여주고 있다. 역사적으로 불황은 두 가지 모델이 동시에 불황을 예측할 때 왔었다. 한 가지 염려스러운 점은 미국의 실업률은 4.9%로 호황인데 불안 심리 등으로 미국의 저축률이 4%대에서 5% 중반으로 올라 경제활동이 위축되는 게 아닌가 염려를 하고는 있다. 또한 미국의 경우 2년만기 국채 이자율과 10년만기 국채 이자율의 차이로도 경기를 예측하는데 지금은 그 차이가 1% 정도 밖에 안 돼 경기가 활성화되지 않고 있다는 신호를 보내고는 있다. 이러한 때에는 자동차, 음료, 건축자재, 약국 등 경기를 타지 않는 소비재를 생산하는 우량회사들의 채권을 사는 것도 안정적으로 수익을 높이는 방법일 것이다.

미국 경제가 좋아졌다는데...

벌써 한 해의 3분이 1이 지나갔다. 이 즈음이면 졸업반 학생들이 새로운 직장을 구하려고 여기저기 인터뷰도 다니고 분주하게 다니는 모습을 보게 되는 계절이다.

일부 학생들은 직장 인터뷰를 핑계로 수업을 빠지겠단다. 그래도 인생의 중요한 직장을 찾는다는 데 필자로서도 양해할 수밖에 없는 일이다. 그런데 그런 인터뷰를 다녀온 학생들이 하는 말이 언론이나 정부에서 말하는 유럽, 일본이나 심지어 중국과 달리 미국 경제가 불황에서 빠져나와 건실한 성장을 시작하고 있다는데, 어째서 직장 구하는 것이 나아졌다는 느낌을 받지 못하느냐는 하소연들이다.

얼마 전 발표된 미국의 실업률은 4.9%로 금융위기 동안의 10% 실업률에 비하면 격세지감을 느낄 정도로 좋아졌다. 물론 일부는 아직도 0%의 실업률이 아니라 4.9%라서 경기가 아직 회복되지 않았다고

이야기할지 모르지만 0% 가까운 실업률은 아이러니하게도 미국 경제를 파멸시키는 것으로 보고 있다.

경제학에서는 인플레이션을 유발하지 않으면서 성장을 이끌어 갈 수 있는 실업률을 NAIRU(Non-Accelerating Inflation Rate of Unemployment)라고 하는데 4% 내지 5% 정도의 실업률이 적절하다고 보고 있다. 그리고 그것을 위해 희생당하는 사람들을 사회적으로 보상하기 위해 실업고용보험을 통해 보호하고 있는 것이다.

실업률은 2010년도의 10%에서 지속적으로 내려와 5%까지 내려왔으니 그동안 많은 기업들이 새로운 사람들을 뽑아갔다는 사실인데, 여기서 학생들이 갖는 의문점은 그런데 왜 5년 전 선배들 때와 비교해서 직장인들의 임금이 오르지 않느냐는 것이다. 당연히 사람에 대한 수요가 늘어나면 경제학의 수요 공급 원리에 의하여 얼마라도 임금이 올라야 하지 않느냐는 것이다. 절대적으로 맞는 이야기다.

하지만 여기에는 보아야 할 또 하나의 변수가 있는 것이다. 얼마 전 한국에서 있었던 이세돌과 구글의 알파고의 바둑대결로 화제가 되고 있는 인공지능 때문에 많은 사람들이 현재의 직업 중 많은 직종이 사라질 것이고 또한 새로운 직종이 생겨날 것을 알게 되었다. 여기에 더하여´직업참여율이라 하여 학업을 계속하든가 아니면 육아를 위하여 일시적으로라도 직업을 포기하는 사람들을 제외하고 일하려는 사람의 비율이 2000년도에는 67.3%로 정점을 찍고 2015년에는 62.7%로 지속적으로 내려왔는데, 그것이 2016년도에는 다시 63.0%로 조금씩 오르기 시작한 것이다. 그러니 기업주 입장에서는 더 많은 인력을 고용할 때 전보다 더 많은 응시자가 몰리니 임금을 올리지 않고도 원하는 직원들을 뽑을 수 있는 것이다. 특히 모든 업종의 고용 상황이 2010년도에 최저점을 기록한 이후에 회복하고 있는데, 교육, 여가산업, 소매업, 서비스업종 등은 2016년도에 최고점을 기록하며 더 나아지고 있지만 공무원, 금융업, 도매업, 정보업, 제조업 그리고 건설업종은 아직도 금융위기에 잃어버린 일자리를 완전히는 회복하지 못하고 있는 실정이다. 특히 제조업과 건설업종은 아직도 2007년도에 기록했던 제조 건설업의 호황에 못 미치고 있으니 이러한 변수들이 피부로 느끼는 경제상황에 많은 영향을 미치고 있는 것이다.

역시나 헤지펀드

어느덧 여름이 다가오는 철이 되니 한 학기가 끝나고 졸업시즌이 다가오고 있다. 필자에게는 투자론 시간에 내 준 투자 실습 숙제를 받아보는 시기이기도 하다. 필자는 투자론 시간의 첫 시간에 학생들에게 1인당 100만 달러라는 거금(?)을 나눠 주고 투자 연습을 시키는 숙제를 내 주고 있다. 물론 진짜 돈은 아니고 장부상으로 존재하는 가상의 돈을 주고 투자 연습을 시키고 기말에 보고서를 받아 성적에 반영하는 것이다.

전에는 학생 1인당 10만 달러씩 주고 투자 연습을 시켰는데 얼마 전부터 100만 달러로 금액을 높였다. 미국 주식시장의 총 가치는 500조 원 이상의 기업 가치로 1, 2위를 다투는 애플컴퓨터나 구글 등을 포함하여 20조 달러가 조금 넘는다. 구글 같은 신흥기업은 아직 포함되지 않는 다우존스 주식지수를 형성하는 미국의 대표적 기업 30개를 합한 가치만도 5조 달러를 넘고 있다. 그런데 이러한 주식 가치의 50% 이상을 미국 최고 1% 부자들이 소유하고 있고 93% 이상을 상위 10%의 부자들이 소유하고 있으니 주식시장의 주된 흐름은 최상위 부자들의 마음에 달려 있다 해도 과언은 아니다.

그래서인지 10만 달러씩 나눠 주고 주식 연습을 시킨 경우 어떤 학생은 한 학기라는 몇 달 동안에 4배의 수익을 내는 큰 성과를 거두었지만 대다수의 학생들은 돈을 벌지 못하고 심지어는 돈을 전부 다 잃는 학생들도 속출하였다. 그 당시 학생들의 리포트를 검토해 보니 소위 페니스탁이라는 1주당 가격이 싸고—2달러 이하 어떤 경우는 몇십 센트인 경우도 많고—위험한 주식에 많은 투자를 하여 한 학생은 운이 좋게도 그 회사가 다시 살아나 큰돈을 벌었지만 대부분의 학생들은 많은 돈을 잃은 것이다.

필자의 생각으로는 주식시장은 최고의 부자들의 마음에 달려 있는데 학생들은 소시민적 사고 방식으로 투자를 하여 그렇게 된 것이 아닌가 한다. 수백억 원대 재산의 부자들이 전 재산을 10배로 불리거나 아니면 전부 다 잃을 수 있는 곳에 투자한다고 생각하지는 않는다. 그들은 오히려 단 10%의 수익을 올릴 수 있는 곳이라면 만족해 하고 행복해 할 것이다. 하지만 몇 만 달러의 돈을 갖고 있는 투자자라면 10%의 수익으로는 몇 천 달러의 수익밖에 안 될 테니 그런 비교적 안전한 곳보다는 몇 배의 수익을 내거나 전부 다 잃을 수도 있는 위험한 곳에 투자를 하는 경향이 있는데, 현실적으로 그러한 투자는 대부분 큰 손실로 이어지는 것이므로 학생들이 그러한 경향을 보이는 것이다.

그래서 몇 년 전부터 이러한 학생들의 투자 태도를 바꿔 보기 위하여 1인당 100만 달러씩 나눠주고 있다. 그랬더니 역시나 학생들의 투자 성향이 바뀌고 평균 수익률이 향상되는 것이다. 물론 몇 달 동안에 몇 배의 수익을 내는 대박을 치는 경우는 없지만 대부분의 학생들이 어느 정도 좋은 수익을 보이고 있다. 그렇다면 부자가 아닌 투자자는 영원히 부자를 따라갈 수 없지 않나 하지만 이것은 주식투자의 경우이고 파생상품에 투자할 경우에는 적은 금액으로도 대박을 낼 수 있는 경우가 있다.

그러나 대부분의 일반 투자자들은 주식투자를 하니 그러한 경우에 필자가 학생들에게 항상 강조하는 것은 소액 투자라도 꼭 반드시 부자의 마인드로 생각하고 투자하라는 것이다. 그것은 지나친 대박을 꿈꾸며 큰 위험에 투자하지 말고 적당한 수익률에 단 5%만 더하는 투자를 결정하라는 것이다.

이번에 발표된 헤지펀드 매니저들의 연봉 발표에서 보듯이 2015년도 헤지펀드 매니저들은 5명이나 1조 원 이상의 연봉을 받았는데, 뉴욕의 그리핀, 롱아일랜드의 사이먼, 코네티컷의 달리오, 뉴저지의 테퍼, 그리고 뉴욕 유태인 이스라엘 잉글랜더 등도 모두들 10% 조금 넘는 수익을 내고 돈을 맡긴 부자들에게서 받은 연봉이 그만하다는 것이니 부자들은 그 정도의 수익을 내는 것에 만족하는 투자를 하는 것이다. 그런데 1조 이상 연봉 다섯 사람이 모두 트라이 스테이트에 있는 걸 보니 필자가 생활하고 일하는 트라이 스테이트가 풍수지리적으로 돈이 붙는 지역이라는 희망을 가져보게 된다.

무서워지는 중국

얼마전 중국 상하이와 항저우에 있는 대학에 한 달간 강의를 하러 다녀왔다. 9년 만에 가는 중국이라 설레는 마음으로 지난 방문을 생각하며 대학의 캠퍼스에 들어서니 9년 전의 베이징대학에서 본 수백 명의 학생들이 자전거를 타며 등교하는 모습 대신 수백 명의 학생들이 전기오토바이를 타고 등교하는 모습이 그동안 발전한 중국을 상징하는 것일 줄이야. 강의가 없는 주말을 맞아 중국 송나라 시대의 수도였던 항저우에서 상하이로 세계에서 제일 빠르다는 고속철을 타고 가니 중간에 다섯 곳을 들르고도 한 시간 만에 도착하였다. 설레는 마음으로 지하철을 타고 상하이 시내로 들어서니 뉴욕 시내 번화가와 별다른 점이 없었다. 제일 좋은 곳에는 애플 스토어가 자리 잡고 있었고 그 옆으로 세계적인 의류편의점 자라, 유니클로, 포에버 21, H&M 등이 눈에 띄었다.

상하이 번화가의 동쪽 끝 뉴욕의 호보켄에 비유되는 번이라는 곳에서 바라보는 상하이의 푸동 지역은 호보켄에서 바라보는 뉴욕 맨해튼과 견주어 손색없는 장관이었다. 필자에게 이상했던 점은 한국계 빌딩은 있는데 일본계 이름의 빌딩은 볼 수 없다는 점도 있었다.

중국 학생, 교수들과 이야기를 해 보니 중국 사람들이 아직도 일본에게는 경제에 대한 질투심을 떠나 상당한 거부감이 있는 반면 한국에 대해서는 마치 형제 같은 친근감을 갖고 있다는 것을 발견했다. 그래서 길거리에서도 유명 드라마 별그대의 배우 김수현, 대장금의 배우 이영애 등의 광고 사진들이 제법 눈에 띄었다. 필자가 중국 교수의 초대로 간 한국식 갈비구이집 근처에는 유명인 강호동의 커다란 사진도 눈에 들어왔다. 하지만 한국과 일본을 차별하는 이유 중의 하나가 중국인들이 한국과 일본의 문화가 중국에서 많이 건너갔다고 생각하는데 한국은 그것을 인정하는 데 반해 일본인들은 자기네 문화는 중국에서 온 것이 아니라 전적으로 자기네 자체적이라고 했기 때문이라는 점은 조금 씁쓸함을 남겼다.

지하철로 푸동으로 건너가니 맨해튼 센트럴 파크를 흉내낸 듯한 이름의 센트럴 파크는 조금은 미소를 짓게 하는 이름이었다. 거기서 푸동 공항까지는 세계에 하나 밖에 없고 가장 빠르다고 중국이 자랑하는 자기 부상 열차를 탔다. 필자가 방문 중 미국 밖에는 프랑스, 일본, 홍콩밖에 없다는 디즈니랜드가 상하이에 개장하여 축제 분위기였고 항저우는 수년 전 한국에서도 열린 G20 세계정상회담이 열린다 하여 신학년 개학을 회담 뒤로 미루는 등 들떠 있었다. 필자가 며칠 묵었던 호텔의 제일 좋은 파킹 자리를 전기자동차만 세울 수 있게 한 것을 보고 놀랐는데 상하이에는 운전자 없는 자율자동차가 다닐 수 있는 지역을 세계 최초로 지정한다고 발표하였다. 놀라운 중국의 발전상을 피부로 느끼며 돌아오는 날 발표된 스마트 폰의 2015년 중국 시장 점유율을 보니 1위가 중국의 샤오미, 2위가 화웨이, 3위가 애플, 4위, 5위도 중국의 오포와 비보라는 형제 회사였다. 한국의 삼성전자도 밀렸다는 소식에 안타까움을 떠나 중국에 대한 두려움마저 들게 하였다. 세계 육류 소비량은 당연히 국민 소득에 비례하는데 중국의 소득은 한국의 3분의 1이지만 육류 소비량은 한국과 비슷한 1인당 일 년에 100파운드를 넘어섰다 하니 앞으로는 중국의 트렌드를 읽는 것이 투자의 중요한 요소일 것이다.

투자도 변해야 번다

이번 여름에 필자가 서울을 떠나기 전날 한국으로 돌아온 친구를 만났더니 석 달 만에 돌아온 서울의 첫 느낌이 올림픽이 열렸던 브라질의 아마존 정글에 온 느낌이라며 모든 것이 변한다더니 이제는 기후도 변한다고…

이렇듯 변화는 우리 생활의 모든 부문에 다가오는 것이다. 물론 우리가 직접적으로 가장 많이 느끼며 살아가는 것이 기술의 변화일 것이다. 필자도 뉴욕 공항에 내려 뉴저지의 집으로 돌아오며 처음으로 차량공유 서비스인 리프트를 이용해 보니 평소 일반 택시를 이용한 것보다 40% 정도는 비용을 절약할 수 있었다.

이러한 변화를 느끼며 살지만 변화로부터 수익을 얻으려면 행동도 변화해야 할 것이다. 이러한 변화는 투자환경에도 나타난다. 요즈음 많이 하는 이야기 중의 하나가 경제학 교과서를 전부 새로 써야 하지 않느냐는 것이다. 물리학이나 수학 등 자연현상을 다루는 것들이야 불변인 것이 많지만 사회과학, 그중에서도 투자환경도 많은 변화가 일어나고 있고 현재의 경제학 교과서로는 설명할 수 없는 현상들이 많이 일어나고 있는 것이다. 한 예로 지금은 마이너스 이자율이라는 필자도 들어보지 못했던 일들이 일어나고 있다.

마이너스 이자율이라는 것은 건강한 경제환경이라고 볼 수 없고 투자자들이 불안한 경제환경 때문에 이자를 포기하거나 보관료를 내더라도 안전하고 믿을 수 있는 금융권이나 정부에 돈을 맡긴다는 것이다. 미국에서는 아직 이러한 현상이 나타나지 않았지만 일본과 스위스 등 유럽에서 나타나고 있다. 미국도 수년간 낮은 이자율이 지속되고 있고 많은 투자자들이 미국 중앙은행에서 이자율을 조금은 올리더라도 상당 기간 이러한 낮은 이자율이 지속되리라 보고 1%의 이자율에도 30년 만기 채권을 사는 것이다.

이러한 낮은 이자율은 투자자들의 투자 패턴을 많이 바꾸고 있는데 직접적으로 나타나는 분야가 배당과 관련된 주식들이다. 전통적으로 배당이 많은 주식들은 기업 이익을 새로운 곳에 투자하기보다는 주주들에게 나눠 주는 것이니 성장형보다는 안정형 회사에게 나타나므로 배당을 많이 하는 주식에의 투자는 많은 수익이 아니라 안정적인 수익을 가져다준다. 요사이 미국 대기업들은 수익의 3분의 1 정도를 배당으로 지급하고 나머지를 새로운 투자나 미래를 위한 유보금으로 사용하는데 미국 경제의 성장으로 1995년도에 매년 100조 원 정도의 배당금이 지급되던 것이 지금은 300조 원이 넘는 돈이 매년 지급되고 있다.

노벨 경제학상 수상자 파마와 프렌치의 연구에 의하면 배당금의 위력은 1927년도에 1,000달러를 상위 30% 배당성향 주식에 투자했다면 지금은 그 가치가 1,000만 달러, 하위 30% 배당성향 주식에 투자했다면 지금의 가치는 150만 달러로 그 차이가 현저하다. 이렇듯 중요한 배당이 요즈음의 투자에서는 더 중요해지고 있다. 미국에서는 2009년을 기점으로 배당을 많이 주는 주식들의 가격 상승이 평균 주식 상승을 상회하고 있으며 작년부터는 또 다른 변화가 일어나고 있는데, 전통적으로 기업 이익이 많으면 주식 가격은 오르는 것이 당연한데 그것은 Correlation이라고 하는 상관계수가 최고치인 1에 가깝다는 것을 의미했다. 그런데 그 상관계수가 지금은 최고치 1에서 많이 떨어진 0.5 정도이니, 이익을 많이 낸 회사의 주식 가격이 반드시 오르는 것은 아니라는 것이다. 주식투자 기법에 변화를 주어야 하는 것이다.

대신에 전통적으로 상관관계가 거의 없던 배당성향과 주식 가격의 상관계수가 처음으로 이익과 주식 가격의 상관계수를 뛰어넘어 최고치 1에 가까운 0.8에 가까워지고 있는 것이다. 이것은 이제는 주식 가격의 상승을 예측하려면 기업의 이익이 아니라 배당의 증가를 예측하여야 하는 것이다. 이러한 현상은 오랜 기간 아주 낮은 이자율을 경험한 투자자들이 은행에 예금을 넣기보다는 조금은 위험해도 은행이자보다 많은 배당금을 주고 또한 주식 가격의 상승이라는 보너스까지 챙길 수 있는 주식에 투자한다는 것이다. 그러므로 주식투자도 전통적인 방법에서 벗어나 변해야 돈을 벌 수 있을 것이다.

흙수저 금수저 부자들

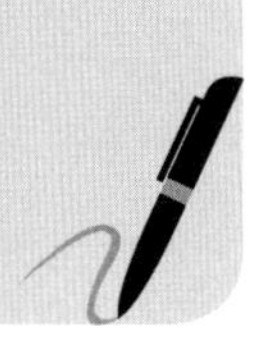

얼마 전 투자론을 강의하던 날, 마침 포브스지에서 미국 최고 부자 리스트를 발표하였다. 이번에도 최고의 부자는 빌 게이츠였다. 벌써 4반세기 동안 1위 자리를 차지하고 있는데, 그전에는 월마트 창업주 샘 월튼이 한동안 1위를 하고 있었다. 이번 발표의 의미있는 변화는 항상 2위를 하던 워렌 버핏이 3위로 밀린 것이다. 그래서 몇 년 전의 명단을 보니 또 하나 의미있는 변화가 있었다. 미국의 10대 부자 중에 항상 들어가던 월마트를 상속받은 4명의 월튼 가족들이 빠지고 그 자리들이 자수성가형 부자들로 채워졌다.

미국의 부자들은 80% 이상이 자수성가형 부자들이다. 중국의 10대 부자들도 모두 자수성가형 부자들이다. 일본의 경우도 한국계의 손 마사요시 회장(한국 이름 손정의), 유니클로의 다다시 야나이회장 등 많은 경우가 자수성가형 부자들이다.

하지만 한국은 금년도 억만장자 대열에 일본의 29명보다 많은 35명이 들어 있지만 소수를 제외하고는 재벌 그룹들의 자손들이다. 미국의 경우를 보면 세계 최대의 소매기업 월마트를 물려받은 월튼 패밀리들이 밀려나면서, 이제는 인터넷을 이용한 소매기업 아마존이 월마트 기업가치를 두 배로 뛰어넘어 창업자 제프 베조스를 미국 2위의 부자로 만들고 조만간 미국 최고 부자의 자리도 넘볼 수 있게 된 것이다. 제프 베조스도 쿠바 이민자 아버지 밑에서 자라 자수성가하였지만(베조스의 자수성가 점수는 중산층 부모 밑에서 성공하여 10점 만점에 8점), 정말 어려운 환경을 극복하고 성공한 기업인들에게 자수성가 점수 10점 만점을 주는데 그중에는 한국에서 이민 온 포에버21의 장진숙 회장도 포함된다. 그녀가 어려운 환경에서 성공한 이야기는 이제 많은 한국 언론에 소개되었는데, 그녀의 재산 가치는 역시 자수성가한 스타벅스 커피의 창업자 하워드 슐츠(자수성가 10점)와 같은 3조 원대의 재산가다.

우리들에게 친숙한 오프라 윈프리(자수성가 10점)도 역시 흙수저에서 자수성가한 경우로 잘 알려져 있고, 다른 자수성가 10점인 억만장자들을 보면 우크라이나에서 16세에 가난하게 이민 와 한국의 카카오톡과 같은 세계 최대의 메신저 앱 왓츠앱을 창업하여 페이스북에 판 얀 쿰, 역시 16세에 파키스탄에서 가난하게 이민 와 자동차 부품회사로 돈을 번 샤히드 칸, 리투아니아에서 이민 와 미국 14위 부자가 된 셸던 아델슨 등을 위시하여, 파인애플 등으로 유명한 도울, 폴 미첼 화장품으로 성공한 존 디조리아, 식당 웨이트리스 일을 하는 어머니를 도우며 학교를 다니고, 싼 집을 고쳐 렌트를 주며 부동산을 일군 제프 그린, 뉴욕시 덤보 지역(Down Under the Manahttan Bridge Overpass)을 개발하고 있는 데이비드 왈렌타스도 어릴적 젖소 우유짜기 등을 하며 아르바이트를 하였다 한다.

아메리칸 드림인 기회의 나라 미국에서는 어떤 비즈니스들이 많은 부자를 탄생시켰나 보니, 25%로 1위를 한 것이 금융업이었다. 그 다음으로 15%의 테크놀로지, 10% 내외인 음식업, 부동산업, 패션 리테일업 등이었다. 이렇듯 성공하는 사람들을 보면 항상 새로운 기회를 찾아 정보를 축적하고, 타이밍이 왔을 때 신속하게 결단하는 훈련을 하는 것이다. 이것은 과학이 아닌 심리적 습관이라 학교에서 가르치기 힘들고, 본인의 훈련과 수양으로써 가능한 것이다.

뉴욕시 덤보 등으로 성공한 왈렌티스도 뉴욕시 젊은이들이 평균적으로 자기 소득의 65%를 렌트로 지불하는 점에 착안을 하여 젊은이들이 좋아할 덤보 지역에 그들을 끌어들이기 위한 아파트 등을 개발하였다고 한다. 미국에서 샌프란시스코 지역의 젊은 층은 소득의 무려 78%를 렌트로 지불하고 있고, 시애틀 지역 젊은이들도 소득의 46%를 렌트로 지불하고 있다 하니 그런 지역에는 젊은 사람들을 위한 주택 등에 투자하면 많은 기회가 있을 것이다.

이렇듯 미국에서는 흙수저들이 성공할 기회들이 많고 성공을 하고 있는데, 흙수저 어원의 발생지 한국에서는 그렇지 못한 것 같아 앞으로 새로운 기회가 생겨나길 안타까운 마음으로 빌어본다.

트럼프 대통령이 바꾸는 경제

필자가 강의하는 곳은 5명의 하원의원, 2명의 상원의원, 시장, 주지사 모두가 민주당인 곳이라 많은 수의 학생들도 민주당 후보 힐러리 클린턴을 응원하고 있는 듯 보이고, 선거날의 뉴스도 90% 이상의 확률로 힐러리가 당선될 것이라는 보도로 기대들을 하고 있었다. 하지만 선거결과는 트럼프의 당선이었는데도, 힐러리를 지지한 학생들의 기대(?)와 달리 미국 주가지수가 오르는 것이었다. 그래서 한 학생이 트럼프 대통령이 당선됐는데 왜 주가가 오르느냐고 질문을 하여 왔다.

이는 트럼프만을 볼 것이 아니라 이번 선거 전반을 봐야 한다. 특히 이번에는 트럼프가 속한 공화당이 대통령뿐만 아니라 상원의원과 하원의원 선거에서도 이겨 공화당이 행정부와 입법 양부를 모두 장악하는 결과를 가져왔다. 2차 대전 이후 미국 증권시장은 하원과 상원이 서로 다른 당이 장악하고 있을 때는 연평균 6.7% 상승하였지만 이번처럼 대통령과 양원을 같은 정당이 장악한 경우는 그보다 60% 이상 높은 10.9%씩 올랐다. 미국의 역대 공화당 대통령 중에서 증권시장을 가장 많이 끌어올린 대통령은 레이건 대통령인데 재임 기간 중 증권시장은 118% 상승을 하였다.

그리고 시간이 흐르는 동안 증권시장은 매일 사상최고치를 경신하더니, 그동안 평균 150일 정도 걸리던 다우 1,000포인트 상승을 불과 12일 만에 이뤄, 2014년 다우 18,000 고지를 넘은 후 거의 500일 동안 이루지 못한 다우 19,000 달성을 이룬 것이다. 이러한 금융호황은 투자의 귀재 워렌 버핏이 예측한 17년 주기설과 맞물려 있다. 버핏은 1964년부터 1981년까지인 처음 17년간은 미국 증권시장이 거의 변동이 없더니 그 다음 17년간인 1999년까지는 1,000%의 성장을 이뤘고 다음 17년이 끝나가는 지금까지도 낮은 증가를 보였으니 그 다음 17년간은 다시 한번 1980~90년대의 증권호황을 예측하고 있는 것이다.

트럼프가 GM 등 많은 자동차를 멕시코에서 생산해 미국으로 수출하는 회사들에게 미국 고용 창출을 위해 미국으로의 생산거점을 옮길 것을 권고하고 있으니 많은 변화가 올 것이다. 한국인에게 인기 좋은 BMW나 벤츠는 내년도 미국 판매 자동차의 100%를 미국에서 생산할 계획이나 아직 독일계의 폭스바겐은 미국내 생산 비중이 20%도 안 되니 수익률 저하로 나타날 것이다. 폭스바겐은 도요타 등의 자동차 회사들의 평균 이익률인 6%보다 훨씬 높은 18%를 기록하고 있는 포르쉐 자동차의 비중을 높이는 전략을 쓸 것이다.

이런 정책이 나오게 된 배경에는 애플의 아이폰 도입시기와 비슷한 2000년대 중반부터 중국 제조업 고용비중이 50% 가까이 늘어나 중국 전체 고용의 20%를 차지하는 동안 미국 제조업 고용은 비슷한 비율로 감소하여 지금은 미국 전체 고용의 10%로 내려온 것이다. 그리하여 자동차업체들의 미국 내 생산을 독려하고 심지어 중국에서 전량 생산되는 아이폰을 미국에서 생산하는 것도 고려하게끔 하고 있는 것이다. 이러한 움직임에 대항하려는 듯 중국은 위안화의 가치를 낮춰서 트럼프 관세가 부과되더라도 자국 생산품을 미국에 더 싸게 공급할 수 있는 여건을 만들고 있는 듯 보인다. 지금 생산되는 아이폰의 생산 원가가 225달러 정도인데 만약 미국에서 생산하려면 인건비 차이 등으로 80여 달러가 더 든다니 어쩌면 더 비싼 가격에 아이폰을 사야 할지도 모르겠다. 트럼프가 강조해 왔듯이 규제 완화로 금융업 주식들이 혜택을 받고, 1조 달러를 건설 경기에 투자한다고 하고 오바마 케어를 개혁하여 헬스케어 회사들 수익을 더 좋게 하겠다고 하니 새 대통령의 취임은 미국 경제에 많은 변화와 새로운 기회를 창출할 것이다.

트럼프와 함께 다시 한번

트럼프 대통령은 취임식에서 미국을 다시 한번 최강의 나라로 만들겠다고 했다. 물론 군사력이 아니라 경제적으로 최고의 나라를 만들겠다는 것인데, 그것을 위하여 미국의 일자리를 늘리고 GDP의 성장을 통한 국민 복지를 향상시키겠다는 슬로건이다. 구체적으로 그는 일 년에 4%의 GDP 성장을 목표로 내세운 것이다. 최근의 중국의 경제 성장이나 80~90년대의 한국, 60~70년대의 일본의 경제 성장을 기억하고 있는 세대들에게는 4%의 성장이 대단해 보이지 않겠지만 선진국으로 들어선 국가들에게는 4% 성장은 거의 불가능해 보이는 마의 장벽으로 알려져 있다.

지난 60년간의 미국 경제를 보면 케네디 대통령 시절 4.2%의 성장률을 제외하고는 어떠한 대통령도 4% 경제 성장을 이룩하지 못하였을 뿐더러 아무도 3% 성장도 이루지 못했다. 그나마 성적이 제일

좋았던 때가 레이건 대통령 시절이다. 2.5%의 GDP 성장이 최고인데 그러한 마의 장벽 4% 경제 성장 달성을 트럼프 대통령이 내세우고 있는 것이다.

한국 국민들 중 이명박 대통령 시절의 구호였던 747공약(7% 성장, 4만 달러 국민소득, 세계 7위 경제대국)을 기억하는 분들은 그러한 공약이 이루어지지 못할 수도 있다는 것에 염려가 많을 수도 있을 것이다. 실제로 G7 경제대국(미국, 일본, 독일, 영국, 프랑스, 이탈리아, 캐나다)의 지난 40년간의 경제 성장을 보면 이탈리아는 단 한 번 4% 이상의 경제 성장을 이루었고 독일과 프랑스가 두 번, 영국이 4번, 일본과 캐나다가 8번 그나마 미국이 가장 많아 9번을 이뤘는데 그것도 2000년대 이후에는 어떠한 선진국도 한 번도 달성하지 못한 성장률이다. 그나마 미국이 1999년에 이룬 4%의 성장이 모든 선진국 중 가장 최근의 성장이니 쉽지 않은 목표임에는 틀림없다.

그렇다면 트럼프 대통령의 어떠한 점이 이런 어려운 목표의 달성을 가능하게 할 것인가? 일단 그의 장관 임명이 지난 정부와 많이 다르다. 역대 대통령들의 장관 임명 비율에 있어서 공화당 정부에는 비즈니스 경험 장관이 많고 민주당 정부는 정부와 군의 경험이 있는 장관을 많이 임명해 왔는데 트럼프 대통령은 그중에서도 특히 비즈니스 경험 장관이 다른 공화당 대통령보다도 더 많아 가장 경제 성장률이 높았던 레이건 대통령 정부의 수준을 뛰어넘는 비율의 비즈니스 경험 장관들을 임명한 것이다. 그렇지만 성공한 레이건 대통령이 달성한 2.5% 성장을 뛰어넘어 4%의 성장을 이루려면 또 다른 점이 있어야 할 것이다.

그래서 트럼프 대통령은 낮은 임금을 찾아 미국을 떠났던 많은 기업들의 일자리를 미국으로 되돌리는 데 힘을 쓰겠다고 하고 실제로 많은 변화의 조짐이 보이고 있다. 첫 번째 목표로 멕시코 등과 맺은 NAFTA(북미 자유무역협정)를 새로 마련한다는 전략이다. 그 이유는 지난 20년간 멕시코의 수출이 NAFTA 이후 10배로 성장하였는데 그 배경에는 미국의 커다란 희생이 있었다는 것이다. 실제로 멕시코 수출의 82%는 미국으로의 수출인 것이다. 그 배경에는 많은 자동차 산업이 있는데 벌써 한국의 현대, 기아, 미국의 포드, GM 등 많은 자동차 회사들이 미국으로의 생산 공장 이전을 발표했고, 또한 계획하고 있는 것이다. 이러한 추세라면 미국의 새로운 일자리 창출과 4% 경제 성장도 가능할 것이다.

여기에 트럼프 경제정책을 뒷받침해 줄 또 하나의 좋은 점은 지난 7년간 미국 가계의 GDP 대비 부채 비율이 꾸준히 내려와 미국 가계가 대출을 늘려 소비를 늘릴 여력이 많아졌다는 점이다. 그 이유 중의 하나는 지난 15년간 미국 가계 중 주택 구입비율이 낮아진 점이다. 대출을 하지 않고 렌트를 하는 가정이 지난 15년간 100만 가정 이상이 늘어난 반면 그 사이 주택을 구입한 가정은 인구의 증가에도 오히려 4만 가구가 줄어든 것이다. 이러한 주택 렌트 가정들이 주택을 구입하게 된다면 건설 회사들과 대출 은행들도 커다란 혜택을 받게 될 것이니 다시 한번 강한 미국을 이루는 원동력이 될 것이다.

변화는 벌써 다가왔는데...

따스한 봄날 오후, 한 학생이 시무룩한 표정으로 수업을 듣길래 수업이 끝나고 자초지종을 물어보았더니 일하던 곳에서 감원 통보를 받았다는 것이다. 의류 소매점 베베라는 곳에서 아르바이트를 하고 있었는데 그만 나오라는 통지를 받은 것이다.

얼마 전까지도 수업시간에 학생들은 교수가 앞에 적는 것들을 필기하느라 숨소리에 볼펜이 움직이는 쉭쉭 소리가 주된 소음이었는데, 이제는 그런 소리는 찾아볼 수 없고 수업 시간에 나오는 소리는 찰칵, 딸깍하는 카메라 셔터 소리로 바뀌었다. 교수가 중요한 사항을 앞에 한가득 빼곡히 적고 설명하면 그것을 받아적는 학생은 없고, 중요하다고 생각되는 부분을 스마트폰 카메라로 찍는 소리다. 학생들은 정확하게도 교수의 모습은 빼고 보드에 적은 중요한 부분들만 잘도 찍어 보관하고 수업에 못 나온 친구에게 전송한다.

이렇듯 여러 분야의 변화는 실생활을 많이도 바꾸고 있다.

이러한 생활상의 변화들은 쉽게 보고 배우고 따라해 나가지만 비즈니스를 위한 변화에는 조금 더 앞서 보고 앞서 행동해야 하는 것이다. 학생의 직장도 소매업의 변화는 아마존 기업의 번창으로 이미 예견돼 왔었고 많은 사람들이 막연히 그렇게 되리라고 생각해 왔던 것인데 그러한 변화들이 우리가 행동으로 옮기기 전에 생각보다 더 빨리 찾아오고 있는 것이다. 누구나 온라인 시장의 발달로 소매업종의 쇠퇴를 예견하여 왔는데 소비자들이 온라인보다는 직접 만져 보고 입어 볼 것으로 생각되는 의류 부문에서도 그러한 변화가 빨리와 소매매장에 의존하는 많은 기업들이 빠르게 사라지고 있는 것이다. 최근에 백화점들이 고전하고 있다는 뉴스가 나온 지 얼마 되지도 않았는데, 벌써 베베, 리미티드, 어메리칸 어패럴 등은 수백 개의 점포를 모두 닫고 온라인으로만 영업한다고 발표했다.

중국에서 1년에 2,500만 대의 새 자동차가 팔려 1,650만 대를 파는 미국을 훨씬 앞서기 시작했다. 이제는 중국인들이 여가시간에 극장을 많이 가서 세계 최대의 극장 체인은 미국의 AMC를 매입해 약 14,000개의 스크린을 가진 중국 최고 재벌 완다 그룹이 되었다. 또한 프로축구에서 연봉을 가장 많이 받는 선수들을 중국에서 스카우트하고 있다고 하니, 미국 학생들은 중국에서도 미국처럼 프로 스포츠에 대한 투자가 일어나지 않겠느냐고 한다. 변화는 일어나고 있고 우리가 생각하는 것보다 훨씬 빠르게 오고 있는 것이다. 즉 기회가 빠르게 오고 있는 것이다.

혼밥, 외식 또 다른 변화...

얼마 전 대학교 졸업식장에서 명예박사학위를 주면서, 몇 년 전에 학위를 수여한 샌드위치 프랜차이즈 서브웨이의 창업자 프레드 데루카를 떠올렸다. 때마침 서브웨이가 창립 50년 만에 처음으로 레스토랑 숫자를 줄었다는 소식이 들렸기 때문이다. 전 세계 100여 개 국에 4만여 개의 레스토랑으로 프랜차이즈 업계의 왕자 맥도날드보다도 많은 레스토랑을 갖고 있는 서브웨이인데 말이다.

서브웨이 숫자가 감소한 것은 경영을 잘못했다기보다는 현재 미국의 트렌드인 것 같다. 미국의 실업률이 최저치인 4.3%를 기록하고 주식시장은 사상 최고치를 갈아 치우고 있는데도 미국인들이 식당에서 식사하는 비율은 2003년도의 22%에서 지금은 19%로 내려왔고, 집에서 식사하는 사람들은 61%에서 64%로 올랐다는 통계이다.

경제는 나아지는데 사람들은 왜 외식을 덜 할까? 한 이유는 지난

10년 동안 식당의 외식값이 27% 오른 데 반하여 집에서 식사를 할 수 있는 음식 재료값은 그것의 절반밖에 오르지 않았으니 집밥이 상대적으로 싸진 것도 이유가 될 수 있을 것이다. 또 다른 이유는 요사이 한국에서도 유행하는 혼밥족들이 늘어나면서 친구나 가족과 외식을 하는 대신에 집에서 인터넷이나 게임을 즐기면서 혼자서 식사하는 사람들이 늘어났기 때문이다. 이런 와중에도 파네라 브레드라는 식당은 매출이 늘고 있는데 그것은 스마트폰 앱 등을 이용한 주문을 받고 또한 딜리버리 시스템을 적극 활용한 덕분이란다.

여기에 발 맞추듯 소매업의 강자 월마트는 아마존과의 경쟁을 극복하기 위해 직원들이 퇴근할 때 손님들의 주문을 배달해 주는 정책을 고려한다고 하니 이제 점점 딜리버리 문화가 발달하고 소매업 성공의 새 요소가 될 듯하다. 거기에 수년 내로 드론이 활성화되면 발 빠른 기업들은 드론을 이용한 배달을 할 것이다. 얼마 전 맨해튼을 지나는데 커다란 박람회가 있다 하여 가 보니 드론 전시장인데 겉에는 DJI라고 크게 쓰여 있었다. 같이 간 손님이 무슨 뜻인지 의아해하는데 DJI는 전 세계 상업용 드론의 80% 가까이를 독점하는 회사의 이름이다. 안타까운 점은 스마트폰, TV, 세탁기 등 전자제품의 세계 최강이라는 대한민국의 삼성이나 엘지의 자회사가 아니라 DJI는 중국 회사인데 앞으로 전 세계 드론시장 최강의 회사가 될 것 같다.

이러한 새로운 변화는 주택시장에도 나타나는데 70%였던 자기집 소유 비율이 렌트 증가로 63%까지 내려가더니 이제야 조금씩 오른다는 소식인데, 특이한 점은 흐름을 읽는 건축업자들이 새로 짓는

주택들이 도심에서 20마일 이상 떨어진 교외에는 전보다 절반 이상 줄어든 반면 도심에서 5마일 이내 가까운 곳은 전보다 오히려 증가하고 있다는 점이다. 이것도 혼밥과 배달을 즐기는 젊은층들이 교외보다는 좀 더 도시생활을 선호하는 결과일 것이다. 이렇듯 좀 더 도심에 모여 산다면 그만큼 출퇴근 거리들이 짧아질 것이고 그것은 인구가 늘어나고, 경제가 좋아지고 더 많은 사람들이 기름을 더 사용하는 SUV 자동차를 사는 데도 미국 가솔린 사용량이 줄었다는 이유를 조금은 설명해 줄 것이다. 아마도 이제는 한인들이 많이 하는 세탁소의 세탁물도 드론으로 접수하고 드론으로 배달하는 것도 가능해질 것이다. 이렇듯 하루가 다르게 변화하는 변화의 시대에 도시화, 배달 문화 등의 키워드에 빨리 적응하는 것이 비즈니스의 성공 요인이고 그러한 회사에 투자하는 것이 투자에 성공하는 길일 것이다.

걱정과 기회는 동시에...

작년 항저우에 있는 저장대학에서 여름강의를 했는데 그때 중국 학생이 이메일로 미국 경제 전망에 대해 문의를 해 왔다.

필자의 강의를 들을 때의 미국의 금융시장에 비해서 트럼프 대통령 당선 뒤의 미국 주식시장이 더 많이 상승했는데, 학생이 얼마 전 읽은 뉴욕의 노벨상 수상 경제학자인 폴 크루그먼 교수의 칼럼에서는 트럼프가 미국 경제를 침몰시킨다고 하니 어떻게 된 건지 궁금해 했다.

트럼프 대통령이 강조한 미국 일자리 늘리기는 실업률 4.3%에서 보듯이 상당히 성공한 듯 보인다. 그런데 낮은 실업률은 임금의 상승을 가져와 80, 90년대 보았듯이 인플레이션의 상승으로 몇 년 후 불황을 초래하였고, 2000년대에는 주식 가격의 거품으로, 최근 2007년에는 부동산 가격의 거품으로 인해 불황 직전에 낮은 실업률

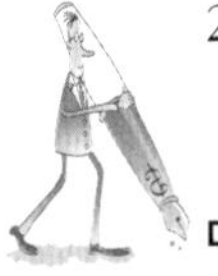

을 경험하였다. 그래서 일부 학자들은 지금의 낮은 실업률이 또 다른 불황의 전주곡이 되지 않을까 걱정하는 것이다. 그러나 필자의 생각으로는 이번의 낮은 실업률이 전과 다른 점은 과거의 낮은 실업률 당시와 다르게 지금은 미국 GDP가 최고 생산 가능치에 아직 근접하지 않고 여유가 있기에 전과 같은 인플레이션이나 자산 거품으로 이어지지 않으면서 낮은 실업률을 유지할 수 있다고 보는 것이다.

최근에 필자가 관심을 갖고 보는 것은 인구 구성의 변화가 경제에 미치는 효과이다. 최근 뉴욕의 인구 구성을 보면 히스패닉계가 다른 민족에 비해서 가장 빨리 증가하고 있다. 그런데 유독 브루클린에서만 히스패닉계의 인구 증가율이 1.7%에 그쳤다. 다른 인종의 인구 증가율은 5.5%로 3배 이상에 이르고 있는 데 말이다. 그래서 필자도 호기심이 나서 브루클린의 윌리엄스버그/그린포인트 지역을 가 봤더니 역시나 많은 변화와 함께 부동산 가격도 가장 빨리 오르는 지역이 돼 있었다. 뉴욕의 유명한 빈민가 할렘에서도 2000년대에는 주민 중 흑인 인구가 80%였으나 지금은 50%로 내려오고 거의 없던 백인 인구가 20% 가까이 증가하면서 지역의 부동산 가격 상승과 경제 활성화로 이어지고 있었다.

뉴욕에서도 65세 이상 노인 인구는 매년 16%씩 증가하는 데 반해 18세 이하 청소년 숫자는 4%씩 줄고 청장년층 인구는 별 변동없이 유지되고 있는 것을 볼 때 앞으로는 뉴욕에서도 노년층을 위한 실버 산업이 여러 분야에서 붐을 이룰 것이다. 이러한 변화는 자동차 산업에서도 나타나는데 2000년대만 해도 35~54세의 연령층은 매년

100명당 9대의 자동차를 구매하여 55세 이상 구매력의 두 배를 이루었으나 지금은 두 연령층에서의 자동차 구매력이 거의 비슷하다. 이러한 변화는 자동차 구매 패턴의 변화도 가져와 전체 자동차 구매의 10%대였던 자동차 리스 계약률이 지금은 30%대로 오른 이유이기도 하다.

여기에 미국 경제를 걱정하는 또 다른 요소로 GDP 대비 기업의 부채가 45%에 이르러 지난 몇 번의 불황기 때의 수준으로 올라와 은행들의 사업용 대출 증가율이 몇 년전 14%에서 3% 수준으로 내려온 점이다. 변화를 먼저 감지하면 큰 수익을 낼 수 있는 기회도 많은 것이다.

불안할 때 금으로?...

얼마 전 여름방학을 맞아 한국을 방문하고 있는데 북한의 김정은과 미국의 트럼프 대통령 간에 전쟁을 불사할 듯한 뉴스가 연일 나오니, 미국에 있는 친지들은 국제전화를 걸어 필자에게 빨리 미국으로 다시 돌아올 것을 독촉하기도 했다. 게다가 필자가 느끼기에도 전보다는 한국 국민들도 불안감을 더 느끼는 것 같았다. 늦둥이를 둔 필자의 친지 한 분은 심각하게 미국 이민에 대해서 상의를 하기도 하였다. 언론에서도 한국조폐공사에서 발행하는 금궤 판매량이 몇 배 늘었다는 뉴스가 나오고 있었다.

위기를 느낄 때 안전자산으로 금에 대한 투자를 늘리는 투자가들이 있는데 역사적으로 그것이 정당한 투자인지 알아보았다. 1970년대 초반까지 미국 달러 화폐를 발행하기 위해서는 그만큼의 금을 미국 정부가 확보해야 하는 금본위제를 유지해 미국 달러에 대한 금의 가격은 고정돼 있다가 미국의 닉슨 대통령이 화폐 발행을 늘리기 위하여 금본위제도 포기를 선언하면서 금 가격의 변동으로 금에 대한 투자가 가능해졌다. 현재까지 인류가 캐낸 금의 양은 축구장 면적에 4피트 높이로 쌓은 양 정도이니 현대 정부의 금융 재정정책을 위한 화폐수요를 따라갈 수 있을 만큼의 금을 구하기 어려워 금본위제를 포기한 것이다. 금 가격은 1970년대 말 당시 오일 재벌이었던 헌트가문 형제들이 더 많은 돈을 벌기 위해 전 세계 은을 사들여 가격을 올리려는 시도를 할 때(결국 이 시도는 실패하여 헌트 형제들은 파산하고 형사적 책임까지 지는 신세가 되었다.) 금 가격도 덩달아 상승해 그 당시 가격으로 온스당 거의 900달러(현재 가격으로 2,200달러) 가까이 올랐던 때를 제외하고는 상당 기간 300달러와 400달러 사이에서 움직였는데, 한국에 IMF 위기를 불러오고 한국 국민들의 금모으기 운동으로 국민 단합을 보여주던 1990년대 후반에 러시아 정부 등도 재정위기로 보유 금을 다량 내다 팔아 금값이 300달러 이하로도 내려갔었다. 그러다 2001년 뉴욕의 9·11테러를 겪은 후 서서히 300달러 이상으로 오르기 시작해서 2011년에 2,000달러를 정점으로 하락하여 현재는 온스당 1,300달러 근처에 머무르고 있다.

하지만 지난 40년간 1986년, 2006년, 2009년과 2010년 단 4번만 금에 대한 투자가 주식지수의 연간 수익을 앞섰다. 또한 2010년을 제외하고는 금의 수익이 주가지수에 비해서 1년에 5% 정도 앞서는 수준이었다. 현재 금의 용도는 산업용으로 많이 쓰이는 은과는 달리 2% 정도가 각국 정부의 금 동전을 만드는 데 쓰이고, 7% 정도가 전자산업과 치과용, 82% 정도는 보석용, 12% 정도가 투자용으로 쓰이

고 있어 금 가격은 은에 비해 가격변동이 적은 편이다. 일명 금의 가격 탄력성이 큰 것이다.

금 생산은 오랫동안 남아프리카 공화국이 수위를 차지하였으나 최근에는 중국, 호주, 러시아, 미국, 캐나다 순으로 많은 생산을 하고 있다. 각국 정부가 보유하는 금의 양은 미국, 독일, 이탈리아, 프랑스, 중국, 러시아, 스위스, 일본, 네덜란드, 인도의 순으로 많이 보유하고 있고 IMF도 독일보다 조금 적은 양의 금을 보유하고 있다.

그렇다면 금은 개인 투자자들에게 좋은 투자 수단인가? 좋다면 언제 투자하는 것이 좋은가? 위에서 언급한 대로 지난 40년 중 단 4번만 주가지수보다 앞서고 36번은 뒤졌다니 일반적으로 좋은 투자 수단은 아닌 것 같다. 장기 투자로서의 금은 매력이 없는 것이다. 하지만 인플레이션이 높을 때는 금 가격의 상승이 주식시장을 앞서 금이 좋은 투자 대상이 되어 왔다. 그러나 지금은 인플레이션이 낮은 상태이고 당분간 급격한 인플레이션이 예측되지 않으니 현재의 한국 사태로 불안한 투자자들은 금에 투자하기보다는 미국 주식에 투자를 하면 더 좋을 것이다. 얼마 전 한국에서 증권 회사 사장을 하는 지인을 만났더니 부동산을 사들여 그것을 담보로 증권을 발행하는 부동산 펀드들의 수익률이 좋아 몰려드는 수요로 즐거운 비명을 참으며 표정관리를 한다고 하니 부동산에 대한 간접 투자도 좋을 듯하다. 특히 미국, 유럽, 일본 등 선진국 경제가 좋아지고 있으니 금에 대한 투자보다는 그러한 선진국 부동산에 대한 부동산 펀드들을 눈여겨 보는 것이 좋을 듯하다.

새로운 금융이 다가오네...

얼마 전 수업시간에 독일에서 유학 온 학생으로부터 질문을 받았다. 유럽에서는 대학교육까지 무상으로 제공되므로 자비를 들여서까지 학비가 비싼 미국 유학을 오는 경우가 드물어 필자도 오랜만에 독일에서 온 학생을 맞이한 것이다. 그 독일 학생은 유난히 면학 분위기가 좋아 항상 가운데 앞 줄에 앉아 열심히 공부를 하는데 오늘은 미국 금융제도에 대해 질문을 하였다.

대한민국의 2.5배의 GDP인 독일은 아직도 프랑스나 영국보다 30% 정도 인구가 더 많지만 GDP는 프랑스나 영국보다 40% 더 많다. GDP로는 미국, 중국, 일본 다음의 경제대국인데 금융시장은 그렇지 못한 원인을 알고 싶어 미국의 금융시장을 배우러 유학을 왔다는 것이다. 우리가 흔히 금융시장의 규모를 이야기할 때 사용하는 총주식가치(Market Cap)로 지금 전 세계 회사들을 사는 데 60조 달러

가 드는데 그중 절반을 미국 기업들이 차지하고 있다. 전 세계에서 가장 가치 있는 기업으로는 아이폰의 애플, 구글, 마이크로소프트, 페이스 북, 아마존 등 모두 미국 기업들이다. 우리가 고급 자동차의 대명사로 부르는 벤츠, BMW 등의 회사들이 모두 독일 회사들이고 많은 알짜 기업을 가진 독일이지만 독일 회사들의 총가치는 한국 기업 총가치보다 35% 정도 높고 서울시보다도 작은 인구의 스위스보다도 겨우 20% 정도 높은 수준인 것이다. 거기에 비해 미국의 총기업가치는 1975년도에는 독일의 7배였는데 지금은 16배나 되고 있으니 억울하다는 기분이 든다고 하였다.

그런 와중에 중국의 경제 규모가 커지는데 중국은 경제의 방향을 잘 잡아 고속 성장을 하는데 독일은 아직도 전통적인 기업방식만 고집하는 것 같다고 하였다. 그러면서 앞으로의 경제는 기술과 금융이 주도해 나갈 것 같은데 금융의 미래는 무엇이냐고 질문을 해 왔다.

금융의 미래는 무엇일까? 금융의 미래는 기술의 미래와 밀접한 관계가 있다. 기술의 발전으로 인한 일상생활의 변화는 핸드폰 등의 사용으로 쉽게 느끼고 있는데, 금융의 미래는 오히려 중국에서 더 빨리 진행되고 있는 느낌이다. 지난번에 필자가 중국의 상하이로 강의를 갔을 때 필자를 안내하던 학생이 필자와 택시를 타고는 내리는데 불과 2달러도 안 되는 금액을 전화기로 결제하는 것을 보고 중국이 벌써 이렇게까지 발전했나 놀랐었다. 그런데 얼마 전 나온 통계를 보니 지난 5년간 중국의 모바일 결제 금액이 1년간 9조 달러로 5년 전에 비해 600배나 증가하였는데 같은 기간 미국은 14배 증가하는 데 그쳐, 현재의 모바일 결제 금액은 중국이 미국을 80배나 앞서고 있는 것이다. GDP에서 중국보다 65% 앞서고 총기업가치 면에서 280%나 앞선 미국으로서는 초라한 금액인 것이다. 이러하니 미국에서도 조만간 많은 변화가 있을 것이다. 먼저 현찰이 사라질 것이다. 물론 돈이 사라지는 것이 아니라 돈의 형태가 지폐보다는 모바일 결제로 간다는 것이다. 그래서 필자도 며칠 전 서브웨이 샌드위치 가게에 가서 작은 금액이었지만 억지로 아이폰을 사용해 결제해 보았다. 아직은 대중화되지 않아서 조금 불편하지만 앞으로는 금융 대세의 흐름일 것 같으니 계속 더 많이 쓰도록 노력을 할 예정이다. 중국에서는 불과 지난 2년간에 음식 딜리버리 앱의 사용자가 1억 명에서 벌써 3억 명으로 세 배가 됐다고 한다. 편리한 모바일 결제 시스템이 가져오는 또 하나의 변화일 것이다. 음식 준비에 많은 노력과 시간을 소비하는 주부들에게는 어서 빨리 미국에도 불었으면 하는 바람일 것이다. 이러한 열풍은 아마존의 기세에 힘입어 소매업에도 많은 변화를 예고하는데 책방으로 시작한 아마존이 이제는 무엇이든지 판다로 바뀌어 심지어는 패션도 아마존에서 구입하는 비율이 총 패션 구매 금액의 10%를 넘었다 한다. 그러한 추세의 영향으로 쇼핑몰을 운영하는 기업들의 주가가 연일 사상 최고치를 경신하는 미국 시장에서도 금년들어 30% 가까이 내려갔고 호주의 센트레 그룹, 프랑스의 끌레피에르, 영국의 인투 프라퍼티 등의 쇼핑몰도 예외 없이 많은 주가 하락을 경험하고 있으니 독자들도 새로운 금융의 변화에 신경을 써야 할 것이다.

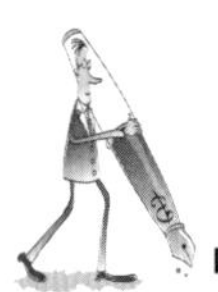

월마트? 아마존?
그것이 문제로다...

지난 30년간 세계 1위의 부자였던 마이크로 소프트의 빌 게이츠가 처음으로 세계 1위 부자 자리를 온라인 쇼핑의 대명사 아마존의 창립자 제프 베조스에게 내어 줬다는 뉴스를 다룬 적이 있다. 어느 정도 예견된 것으로 금년 초 수업시간에 필자도 그 당시에는 1위였던 빌 게이츠가 조만간 1위 자리를 내어 줘야 할지도 모르고 그렇다면 아마존의 제프 베조스일 것이라고 이야기 했던 기억이 난다. 하지만 필자도 이렇게 빨리 1위 자리가 바뀌리라고는 예상하지 못했다.

많은 상점들이 온라인 쇼핑 때문에 문을 닫고, 관광객들도 즐겨 찾는 우드베리 아울렛 등을 운영하는 사이몬 프라퍼티 부동산 회사의 주가도 고전을 면치 못하고 있다. 세계 최고의 기업임을 자랑하던 월마트의 주가도 1위인 애플의 4분의 1, 아마존의 절반밖에 되지 않으니 앞으로의 운명이 어떻게 될 것인가를 토론하였다. 한 학생이

자기가 파트타임으로 페덱스(FedEx) 트럭 배달을 하고 있다고 말하며 그날도 수업 전에 여섯 개의 박스를 배달했는데 전부 다 아마존 상품이 아니라 월마트 패키지였다는 것이다. 그래서 모두들 월마트도 온라인 쇼핑을 활성화하고 있다는 것을 알게 되었다. 그러면서 그 학생은 아무래도 월마트가 아마존을 능가하지 않을까 생각한다고 말해 많은 학생들이 의아해하였다.

얼마 전에 월마트는 별로 알려지지 않은 남성용 옷만을 온라인으로 파는 보노보스라는 패션회사를 비싼 가격에 사들였다. 온라인 회사를 합병하되 보노보스라는 이름을 그대로 유지해 월마트가 주인이라는 이미지를 희석했고 그것이 월마트가 보노보스의 온라인 시스템을 배우기 위한 것이었던 것이다.

금년 주식 가격의 상승도 아마존과 비슷한 45%에 이르렀다. 또 다른 학생들이 월마트가 온라인으로 주문하고 배달을 기다리지 않고 가까운 월마트 매장에 가서 픽업을 할 수 있고 가격을 다른 곳과 비교하고 살 수 있으니 일석이조라고 말했다. 월마트는 직원수가 미국 전체 근로자 1억 4천 만명의 1%인 140만 명으로 그 직원들이 퇴근하면서 집 근처에서 주문온 것을 배달하는 시스템을 연구 중이라 하니 아마존을 능가할 수 있다는 의견이었다. 하지만 아마존도 이러한 핸디캡을 극복하려고 홀푸드를 인수했다. 월마트는 미국에 4,672개의 매장이 있고 홀푸드는 456개의 매장이 있으니 이 점은 월마트가 유리할 것이다. 하지만 그 학생이 배달한 패키지가 전부 다 월마트 것이고 아마존 것은 없었다는 것은 아마존이 덜 팔려서가 아니라 아마존이 페덱스나 UPS보다는 자체의 로컬 딜리버리 회사들을 이용함

으로써 생긴 현상이다. 아마존은 배달 비용을 줄이기 위해 작지만 지역을 더 잘 아는 로컬 회사들을 이용하고 있다. 많은 투자자들이 아마존의 성장세가 훨씬 더 빠를 것으로 보고 있어 아마존의 주식가치는 아마존 매출의 4배나 되지만 월마트의 주식가치는 매출의 절반밖에 안 되니 소비자들이 월마트의 온라인 쇼핑을 계속 이용하면 오히려 월마트의 주식 가격 성장성이 더 높을 것이다. 월마트나 아마존, 둘의 경쟁을 보는 데 그치지 않고 주식 투자를 한다면 좋은 성과를 낼 수 있는 주식일 것이다.

마침내 베조스가 이랬네...

마침내 쿠바 이민자 가정에서 태어나 뉴저지에서 학교를 다니고 뉴욕에서 일을 하던 젊은이가 세계 제일의 부자가 되었다. 제프 베조스는 뉴저지 프린스턴 대학을 마치고 뉴욕 월 스트리트 은행가에서 일하다가 1994년경 인터넷 사용자가 폭발적으로 늘어난다는 뉴스를 봤다. 보통 사람들처럼 뉴스를 보고 '아하! 그렇구나.' 생각하는 것이 아니라 '그렇다면…그렇다면… 그 뉴스가 사실이라면 무엇이 달라지겠는가.'를 생각한 것이다. 베조스는 인터넷을 이용한 쇼핑이 늘어날 것을 생각하고 인터넷 상거래 회사, 아마존을 차린 것이고, 처음에는 다루기 쉬운 책부터 시작하여 지금은 모든 것을 파는 회사를 만들어 세계 제1의 부자가 된 것이다.

인터넷으로 인한 정보의 홍수 속에 사는 지금은 누구나 많은 정보를 빨리 얻을 수 있으니 이제는 뉴스를 어떻게 잘 이용하여 미래를

보느냐가 중요하다고 매 학기 투자론 시간에 강조하고 있다. 베조스가 그랬듯이 앞으로의 교육은 인터넷 붐이 일어난다고 '아하! 그런가 보다.'라고 생각하지 않고 '그렇기 때문에 앞으로 인터넷을 이용한 쇼핑 붐이 불겠구나.' 하고 생각하는 사고를 키워야 한다는 것이다.

얼마 전 미국에서 사람들이 지난 10년간 영화관을 찾는 숫자가 계속 줄어들고 있다는 뉴스가 나왔다. 매년 16억 장이 팔리던 극장표가 작년에는 13억 장을 밑돈다는 것이다. 그러자 무비패스라고 멤버십에 가입하면 하루에 1편씩 영화를 무제한 볼 수 있는 멤버십 회사의 주가가 33달러에서 지금은 10달러로 떨어졌다는 뉴스도 나왔다. 그래서 사람들이 극장을 덜 가면 어떤 영향이 있을까 하고 토론 수업을 한 적이 있다. 영화관을 덜 가는 것은 인터넷의 발달로 넷플릭스 등 집에서 영화를 보여주는 회사의 가치가 오르리라는 것은 쉽게 예측할 수가 있고 그것은 지난 1년 동안에도 130달러 하던 넷플릭스 주가가 2배인 260달러로 오른 것으로 증명이 된 것이다. 한 학생은 영화관에 덜 가면 사람들이 팝콘과 콜라를 덜 마시게 되지 않겠느냐는 것이었다.

다른 학생이 팝콘보다는 극장에서는 역시 콜라를 마시는 게 제격이라며 콜라의 소비가 줄어들 것이라 예측하여 수업시간에 다같이 인터넷 검색을 하여 보았다. 콜라의 소비량은 극장표 판매가 정점을 찍은 2007년도를 정점으로 일 년에 10억 케이스와 6억 케이스씩 팔리던 다이어트 콜라와 다이어트 펩시가 7억과 4억 케이스로 줄어들고 있었다. 물론 건강음료에 대한 인식이 늘어나는 점도 있지만 극장을 찾는 인구가 줄어드는 것과 콜라의 소비량도 무관하지 않을 것이다.

그동안 미국 중앙은행을 이끌던 재닛 옐런 의장이 제롬 파월 의장으로 바뀌었다. 이자율에 대한 정책이 바뀔 것이다. 그렇다면 이자율에 영향을 많이 받는 은행 주식 등에 관심을 가져야 할 것이다. 또한 젊은 인구의 감소 문제로 어려움이 예상되는 한국과 달리 인도 경제의 무서운 성장도 눈여겨봐야 할 부분이다. GDP로 측정하는 경제대국은 미국, 중국, 일본, 독일이 항상 우위를 차지하고 영국과 프랑스가 5위를 두고 각축을 벌였는데 금년도에는 인도가 세계 5위로 올라설 것이고 수년 내로 일본과 독일을 위협할 것이란다. 이러한 뉴스를 보고 어떻게 인도의 경제를 공략할 것인가 이러한 것들이 미래의 성공을 가져올 것이다.

아마존 대단한가? 두려운가?

얼마 전 반가운 이메일을 받았다. 바로 지난 학기에 필자의 투자론 수업을 듣고 졸업한 학생으로부터 온 것이다.

내용은 졸업식이 끝나고 마음의 여유와 졸업식에서 받은 축하금 등을 이용하여 필자의 파생상품학 강의 내용을 실제 투자로 응용하여 단기간에 두 배 이상의 많은 돈을 벌어 감사하다는 내용이었다. 대학교에서 강의를 하는 사람들이 가장 보람을 느끼는 순간이기도 할 것이다. 그러면서 돈을 번 과정을 조금 자세히 설명하여 왔다.

투자론 강의에서는 기업에 관한 이야기가 많이 나오는데 아무래도 필자가 존경하는 기업가들인 아마존의 제프 베조스, 전기자동차 테슬라의 엘론 머스크를 자주 언급하게 되는데 두 사람 모두 성공하여 돈을 많이 버는 데 그치지 않고 인류의 미래를 위하여, 번 돈의 상당 부분을 인류가 지구를 벗어나 우주로 가야할 때를 대비하여 우주선 회사를 설립하여 많은 투자를 하고 있다. 머스크는 스페이스 엑스라는 로켓 회사를 만들어 이미 미국 항공 우주국 NASA가 원하는 로켓을 우주로 발사하여 주고 있고, 베조스의 블루 오리진이라는 회사도 로켓을 개발하여 조만간 달나라로 신혼여행을 하는 관광 상품을 내놓겠다고 경쟁을 하고 있다.

이러한 우주 개발 계획이 얼핏 들으면 황당한 이야기 같지만 아주 먼 이야기는 아닌 것 같다. 이 두 사람은 사업을 하여 번 돈을 새로운 모험을 위하여 투자하고 있어 필자가 수업 시간에 자주 소개를 하고 있다. 특히 아마존의 제프 베조스는 세계 제일의 부자 자리를 얼마전 빌 게이츠로부터 빼앗은 후에도 승승장구하여 그의 개인 재산이 대한민국의 억만장자 40명의 재산을 합한 것보다도 많은 150조 원에 가까운 개인 재산을 보유하면서 2위인 빌 게이츠를 50조원 이상의 차이로 따돌리고 있다. 이것은 아마존 주식 가격이 많이 오른 덕이다. 또하나 특이한 점은 빌 게이츠 다음 자리를 차지하던 워렌 버핏이 한 계단 더 밀리고 빌 게이츠 다음인 3위 자리를 루이비통 가방 등으로 유명한 프랑스의 버나드 아놀드가 차지했다는 점이다. 이것은 중국의 경제 성장으로 고급 상품에 대한 수요가 지난 20년간 100조 원에서 300조 원으로 늘어난 때문일 것이다.

이러한 이유로 아마존 주식 이야기를 수업시간에 다루니 학생들이 더 관심을 갖고 있다가 투자를 하였을 것이다. 하지만 아무리 아마존 주식에 투자를 하였다 하여도 며칠 만에 두 배 이상의 수익은 주식투자에서 거의 있을 수 없는 일이다. 이 학생은 아마존에 투자를 한 것은 맞는데 주식을 산 것이 아니라 아마존 주식의 콜옵션이라는

파생상품을 산 것이다. 콜옵션과 같은 파생상품은 적은 금액으로도 투자가 가능하고 수익률은 단기간에도 몇 배의 수익을 낼 수 있게 설계된 상품들이다. 하지만 그동안 학생들이 이용하기에는 상대적으로 높은 수수료 등으로 어려웠으나, 몇 년 전에 소개된 스마트폰 앱 로빈훗이 수수료 없이 주식투자를 가능하게 하여 폭발적인 성장을 하더니 얼마 전에 로빈훗 스마트폰 앱에서 파생상품 투자도 가능하게 되면서 얻은 기회라고 한다. 이렇듯 이제는 수수료나 적은 투자금의 걱정없이 스마트폰 앱을 이용하여 적은 돈으로 높은 수익률을 이루는 것이 훨씬 더 가능하게 된 것이다. 필자의 학생과 같이 주식이 오른다고 예상되면 콜옵션을 사고, 주식 가격 하락을 예측하면 풋옵션을 사면 되니 어떠한 경우에도 올바른 예측만 된다면 큰 수익을 낼 수 있는 것이 파생상품의 또 다른 장점이다. 아마존 주식이 이러한 기회를 주더니, 얼마 전 필자의 지인 아파트 앞에 미니밴이 정차를 하더니 운전자가 커다란 쇼핑백 여러 개를 들고 내리는데 전부 아마존 프레쉬라는 로고가 붙은 쇼핑백들이다. 이렇듯 아마존이 홀푸드라는 슈퍼마켓을 인수하더니 식료품 사업까지 잠식하는 걸 본 날 마침 뉴스에서 지난 몇 년간의 미국 주식시장 호황에도 슈퍼마켓 주식들과 음식품 제조회사들의 주식은 오히려 하락했다고 나왔는데 아마도 아마존의 영향인 것 같다. 여기에 더해 요사이 아마존이 심혈을 기울이는 분야가 아직은 생소한 클라우딩 서비스 분야인데 여기서도 아마존이 벌써 마이크로소프트나 구글 등을 누르고 50%의 시장을 장악하고 있다니, 아마존의 또 다른 도약을 예상해 볼 수 있는 것이다.

미국 속에서 본 금융위기

초판 1쇄 인쇄 | 2019년 8월 1일
초판 1쇄 발행 | 2019년 8월 5일

지은이 | 김규래
발행인 | 강희일 · 박은자
발행처 | 다산출판사

주소 | 서울시 마포구 대흥로 6길 8 다산빌딩 402호
전화 | (02)717-3661
팩스 | (02)716-9945
이메일 | dasanpub@hanmail.net
홈페이지 | www.dasanbooks.co.kr
등록일 | 1979년 6월 5일
등록번호 | 제3-86호(윤)

ISBN 978-89-7110-565-8 03320

정가 15,000원